Suleman Taufiq
Im Schatten der Gasse

سليمان توفيق
في ظل الزقاق

Zweisprachige Reihe Arabisch-Deutsch

Band 5

5. Auflage 2018
© Edition Orient, Berlin 1992
www.edition-orient.de
Alle Rechte vorbehalten
Lektorat: Dr. Dietlind Schack
Umschlagentwurf: Arne Scheuermann
Satz: Orient-X-Press, www.orientxpress.de
Druck: CPI books GmbH
ISBN 978-3-922825-48-7

Suleman Taufiq

Im Schatten der Gasse

Erzählung

Aus dem Deutschen ins Arabische übertragen von
Suleman Taufiq

Edition Orient

المحتويات

Inhalt

الفصل الأول
حيث أصبح الزقاق عالمي الخاص

في هذا الحي نشأت، حي مُكتض السكان، لا يتجاوز عمره العشرين عامًا. مازلت أتذكر كيف انتقلت عائلتنا إلى هناك. كان الحي مازال صغيرًا جدًا ومليء بأشجار التفاح والخوخ والمشمش والجوز. كنّا نحن الصغار نتسلق السياج في الليل وننزل إلى البساتين لنسرق الفواكه. وفي النهار كانت هذه البساتين ملتقى لطيف للعشاق. من بعد اختفت هذه الأشجار تدريجيًا، وبدأ الحي يكبر ويتوسع. واليوم لا وجود هنا لأي شجرة. أغلب العائلات قدمت من الريف. وفي بعض الأزقة لا تعيش سوى عائلات من نفس القرية. كل شخص يعرف كل شيء عن الآخر. لقد نظم سكان الحي الشوارع والأزقة بأنفسهم وحسب الحاجة، لذلك ليست هذه الشوارع والأزقة متشابهة بالعرض. وهي متشعبة ومتداخلة مع بعضها كأنها المتاهة.

زقاقنا ضيق جدًا، ونادرًا ما تمر به سيارة، وعندما تمر من هناك سيارة يرتفع الضجيج الذي يصم الآذان. ويمتلئ الزقاق حالاً بالأطفال، يركضون وراءها ليتسلقوا عليها ويتعلقوا بها. في نفس الوقت يُطلق السائقُ العنان لبوق سيارته. ان مرور السيارة يجلب حتى للكبار نوعًا من التنوع الرحب. فهي تبعث على الفضول، كل شخص يريد ان يعرف من الذي مرّ بالسيارة. ربما كان زائرًا أتى بالتاكسي، أو مُغترب يريد تمضية إجازته عند أقربائه. وإلّا فلا تمر من هناك سوى سيارات الشرطة

Erstes Kapitel,
in dem die Gasse zu meiner Welt wird

In diesem Viertel bin ich aufgewachsen, einem dicht besiedelten Viertel, kaum älter als zwanzig Jahre. Ich weiß noch genau, wie unsere Familie dort einzog. Das Viertel war damals ziemlich klein, und es gab überall Apfel-, Pflaumen-, Aprikosen- und Walnussbäume. Nachts kletterten wir Kinder über die Zäune in die Gärten und klauten das Obst. Tagsüber dienten die Gärten als angenehmer Treffpunkt für Verliebte. Später verschwanden die Bäume allmählich, das Viertel wuchs, und heute gibt es hier keinen einzigen Baum mehr. Die meisten Familien kamen vom Land; in manchen Gassen lebten ausschließlich Familien aus einem Dorf; jeder wusste alles über den anderen. Die Bewohner des Viertels legten ihre Straßen und Gassen selbst an, so wie sie sie gerade brauchten. Deshalb waren sie nicht überall gleich breit und ineinander verschlungen wie ein Labyrinth.

Unsere Gasse war sehr eng und kaum von Autos befahren. Kam aber einmal ein Auto vorbei, entstand ein ohrenbetäubender Lärm. Im Nu war die Gasse voll von Kindern, die hinter dem Auto her rannten, sich daranhingen und hinaufkletterten, während der Fahrer ständig hupte. So ein Auto brachte eine willkommene Abwechslung, auch für die Erwachsenen. Es weckte Neugierde, und jeder wollte wissen, wer da mit dem

والجيش التي تعوّد عليها الناس.

في البيوت التي لا تتسع حتى لعائلة واحدة تسكن أحيانًا أكثر من عائلة، بعض الأحيان يتقاسم عشرون شخص مكان ضيق. المعركة تبدأ كل صباح في الهجوم على المرحاض – ففي كل بيت لا يوجد سوى مرحاض واحد – وتنتهي المعركة في آخر الليل عندما ترغب إحدى العائلات سماع موسيقى، والأخرى لديها زوار والثالثة تريد النوم.

تجلس أمي عادة مع النساء الأخريات في صحن الدار، تغسل الغسيل أو تُحضّر الطعام. خلال الجلسة تقوم إحدى النساء بتقشير الثوم والأخرى البطاطا. كل واحدة تقص على الثانية الأخبار الجديدة. عند الظهر تفوح من أغلب البيوت روائح المأكولات المختلفة.

لقد تنفست هواء هذا الحي ورائحة غباره وعطر ياسمينه. كنا نسير في شوارع وأزقة مليئة بالأوساخ والقاذورات. في كل مكان كان تفوح روائح العرق والبول، وكانت روائح الرجال والنساء تمتزج بروائح العطور الرخيصة. أكثر من مرة في اليوم يرش الناس الماء في الزقاق أمام بيوتهم من أجل تبريد الجو بعض الشيء، ومن أجل تخفيف الغبار.

كانت البيوت متلاصقة مع بعضها مثل خلايا النحل. في الصيف يتحول الزقاق إلى مكان للقاء سكانه مع بعضهم. هناك شاهدت كل هؤلاء الناس الذين أريد أن أتكلم عنهم. لكنني لا أستطيع أن أتكلم عن كل شيء حدث في زقاقنا حيث تبقى بعض الأشياء أسرارًا. كان الكبار يخبئون أشياء كثيرة أمامنا نحن الصغار. وعندما كنّا نسألهم، كان جوابهم: «هذه أشياء غير مهمة وتافهة».

لقد اعتنيت بكل الأشياء غير المهمة. كنت أريد معرفة كل شيء وأن أجرّب أشياءً كثيرة، كنت سعيدًا جدًا عندما اكتشفت أسرار هذه الأشياء التافهة. لم أكن أعرف الملل. كان العالم ملكي وكذلك كل شيء موجود

Auto in die Gasse fuhr; es konnte nur ein Besuch im Taxi oder ein Emigrant sein, der seine Ferien bei Verwandten verbringen wollte. Ansonsten fuhren nur Polizei- oder Militärfahrzeuge vorbei, an die man sich gewöhnt hatte.

In den Häusern, die gerade groß genug für eine Familie waren, wohnten manchmal mehrere Familien; bis zu zwanzig Personen lebten dort auf engstem Raum. Die Schlacht begann jeden Morgen mit dem Sturm auf die Toilette – in jedem Haus gab es nur eine Toilette – und endete spät in der Nacht, wenn die eine Familie Musik hörte, eine andere Besuch hatte und die dritte schlafen wollte.

Gewöhnlich saß meine Mutter mit den anderen Frauen im Hof, wusch die Wäsche oder bereitete das Essen vor. Während die eine Frau Knoblauch und die andere Kartoffeln schälte, erzählten sie sich die Neuigkeiten. Mittags duftete es in den meisten Häusern nach mehreren Gerichten.

Ich atmete die Luft dieses Viertels, den Geruch des Staubes und den Duft des Jasmin. Wir liefen auf schmutzigen Straßen und Gassen, die voller Müll und Unrat waren. Überall roch es nach Schweiß und Urin; die Gerüche der Männer und Frauen vermischten sich mit dem Duft von billigem Parfüm. Mehrmals täglich bespritzten die Leute die Gasse vor ihrem Haus mit einem Wasserschlauch, damit es ein bisschen abkühlte und nicht so sehr staubte.

Die Häuser waren aneinander geklebt wie Honigwaben. Im Sommer verwandelte sich die Gasse in einen Treffpunkt für ihre Bewohner. Dort sah ich all die Menschen, von denen ich erzählen möchte. Ich kann aber nicht alles erzählen, was sich

بقربي. كنت أريد أن ألمس، أن أرى، أن أتصوّر، أن أعرف. أحلامنا وتخيلاتنا لم تعجب الكبار فهم كانوا يهابون مراقبتنا.

لقد كنت أعيش كل الإدراكات والانطباعات بقوى أكثر من اليوم. لقد كانت هذه الأشياء مليئة بالتخيلات والروائح، والنداءات والصور والأنغام والأصوات. كل شيء كان يحدث لأول مرة في حياتي وينطبع عميقًا في ذاكرتي. مثل تجربة الحب الأولى التي لا تُنسى أبدًا.

in unserer Gasse abspielte, denn manches blieb verborgen. Die Erwachsenen verheimlichten vieles vor uns Kindern, und wenn wir danach fragten, antworteten sie nur: »Das ist unwichtig und banal.«

Ich kümmerte mich um diese unwichtigen Dinge, ich wollte alles erfahren und vieles probieren. Ich war sehr glücklich, wenn ich die Geheimnisse dieser banalen Dinge lüftete. Langeweile kannte ich nicht. Die Welt gehörte mir und alles, was sich in meiner Nähe befand. Ich wollte es fassen, sehen, betrachten, erkennen. Die Erwachsenen hatten nicht gern, wenn wir träumten und phantasierten; sie fürchteten unsere Beobachtungen.

Alle Wahrnehmungen und Eindrücke erlebte ich damals intensiver als heute. Sie waren angefüllt mit Phantasien, Gerüchen, Stimmungen, Bildern, Klängen und Geräuschen. Alles geschah zum ersten Mal in meinem Leben und prägte sich dadurch tief in mein Gedächtnis ein, so wie auch die erste Liebe meist unvergesslich ist.

الفصل الثاني
حيث تشتري سعدية المشمش رخيصًا

كان زقاقنا دائمًا مكتظًا بالأطفال. يلعبون الكرة أو الاستغماية وأحيانًا يتعاركون مع بعضهم. كل شيء في حركة، وكان هناك الضجيج والضوضاء. إضافة إلى الأطفال صراخ الباعة المتجولين، الجيران ينادون على بعضهم بصوت عالي من على بُعد بيوت كثيرة ويتراءى لك وكأنهم يتشاجرون. الهدوء ليس له مكان في هذا الزقاق.

في الأوقات الدافئة تبدأ الحياة في زقاقنا مع الصباح الباكر قبل أن تُصبح الشمس حارة. أول شيء في الصباح يأتي الزبّال، ومعه عربته الصغيرة التي يجرها حمار هزيل. يقرع جرسًا وهو يمر في الزقاق. كان يرتدي ألبسة وسخة ورثَّة. وعندما تسمع النساء رنين جرسه، يخرجن براميل الزبالة ويضعنها أما باب الدار. ثم يفرغ الزبّال البراميل وتتناثر نصف محتوياتها في الشارع. فتخرج النساء مرة ثانية لتُدخل البراميل الفارغة إلى البيت وينضفن الشارع من الأوساخ التي تركها الزبال خلفه.

أجمل شيء كان، عندما يمر الباعة المتجولون مُحملين الحمير أو العربات بالفواكه والخضار. ينادون على بضائعهم بأنغام، كانت نداءاتهم موزونة كالقصيدة. فيخرج الأطفال والنساء ويتجمعون حول البائع. بعض الأحيان يوزع أحدهم

Zweites Kapitel,
in dem Saadia günstig Aprikosen kauft

Unsere Gasse wimmelte immer von Kindern. Sie spielten Ball oder Verstecken, manchmal prügelten sie sich. Alles war ständig in Bewegung, und es gab viel Lärm und Getöse. Neben den Kindern schrieen die Straßenhändler. Nachbarn riefen sich lauthals über mehrere Häuser hinweg etwas zu und brüllten derart, dass man meinen konnte, sie stritten sich. Die Ruhe hatte keinen Platz in dieser Gasse.

In den warmen Zeiten fing das Leben in unserer Gasse morgens sehr früh an, bevor die Sonne heiß wurde. Als Erstes kam jeden Morgen der Müllmann. Mit seinem kleinen Eselsgespann fuhr er bimmelnd durch die Gasse. Er trug schmutzige, zerrissene Kleidung. Wenn die Frauen seine kleine Glocke hörten, stellten sie die Mülleimer vor die Tür. Dann leerte er die Eimer und die Hälfte des Mülls fiel dabei auf die Straße. Die Frauen erschienen wieder, brachten die Eimer zurück ins Haus und säuberten die Straße von dem Schmutz, den der Müllmann hatte liegen lassen.

Das Schönste aber war, wenn die Händler vorbeikamen, die Esel oder Handkarren beladen mit Gemüse und Obst. Melodisch riefen sie ihre Waren aus. Die Rufe waren gereimt wie ein Gedicht. Frauen und Kinder liefen aus den Häusern und schar-

على الأطفال بعض الشيء ليتخلص منهم وينصرف لعمله. تأتي أم سمير وتسأله:

«كم سعر كيلو المشمش؟»

«ليرتان فقط» يرد عليها البائع

«هذا شيء غالي جدًا» تنادي عليه أم سمير وتحلف بالله أنها اشترت كيلو المشمش بليرة وتسعين قرش من دكان الخضار الواقع في الشارع العام. فيرد عليها البائع غاضبًا:

«أنا أبيع مشمش طازج. تفضلي! جرّبيه أفضل من ذلك لا تجدي في أي مكان».

«ماذا جرى لك» تتدخل سعدية.

«لماذا أنت منرفز؟ إضحك بعض الشيء فهذا يليق بك أكثر. ألسنا أفضل زبائنك؟»

«طيّب ست سعدية، أريد أعيش أيضًا».

«الله يحفظك! لم يكن في نيتي إفساد عملك! أنت عندك أيضًا أطفال! إذن دعنا نتفق؟ ليرة وخمسة وثمانون قرشًا. هل توافق؟»

«هذا بالتأكيد قليل. لكن من أجلك ست سعدية، سأعمل هذه المرة حالة خاصة للجميع»

ومن ثم يبدأ بوزن الفاكهة. في هذه الأثناء يبدأ الحمار يضرب قدمه وينهق فضحك الجميع».

ten sich um die Händler. Manchmal verteilte einer etwas unter die Kinder, damit er sie vom Hals hatte und sich ungestört um seine Geschäfte kümmern konnte.

*Umm Samir** kam dann zum Beispiel heran und fragte:

»Was kostet ein Kilo Aprikosen?«

»Nur zwei Lira!«, antwortete der Händler.

»Aber das ist viel zu teuer!«, rief sie.

Und Umm Samir schwor bei Gott, dass sie die Aprikosen im Gemüseladen auf der Hauptstraße für eine Lira neunzig bekommen hatte.

Zornig entgegnete der Händler:

»Aber ich verkaufe *frische* Aprikosen! Probieren Sie mal! Bessere bekommen Sie nirgends!«

»Was ist denn mit Ihnen los?«, mischte sich Saadia ein. »Warum sind Sie so aufgebracht? Lachen Sie doch ein bisschen, das passt besser zu Ihnen. Sind wir nicht Ihre besten Kunden?«

»Ja, aber liebe Frau Saadia, ich muss doch auch leben!«

»Gott schütze Sie! Ich will Ihnen doch nicht Ihr Geschäft verderben! Sie haben doch auch Kinder! Also, wollen wir uns einigen? Eine Lira fünfundachtzig, einverstanden?«

»Das ist wirklich zu wenig. Aber weil Sie es sind, Frau Saadia, will ich diesmal eine Ausnahme für alle hier machen.«

Und dann begann er auszuwiegen. Sein Esel wurde unruhig und fing an zu schreien, so dass alle laut lachen mussten.

الفصل الثالث
حيث يروي أبو حنا قصصًا «جميلة»

كان أبو حنا أهم شخصية في زقاقنا. صيته عمّ كل الحي. كنا
نناديه «الوحش» لقوته وشجاعته. فقد كان لطيفًا مع كل سكان
الزقاق. لا يعتدي على أحد مادام الإنسان لطيفًا معه. كان يدافع
عن المغبونين ويحمي الضعفاء ويلاحق الشباب الغرباء الذين
حسب رأيه يتجولون في زقاقنا من أجل التحرّش بالبنات. لم
يكن لديه بنات. كان عنده أولاد ذكور فقط ولذلك يعتبر كل
بنات الزقاق كبناته. لكن البنات لم يعجبهن ذلك.

أبو حنا لا يعرف القراءة والكتابة. انتسب إلى المدرسة ثلاثة
سنوات فقط ثم تركها إلى الأبد لأن المعلم ضربه. في أحد الأيام
جاء أبو حنا إلى عند أمه وقال لها:

«إسمعي يا أمي. أنا سوف أترك المدرسة نهائيًا. هذا المعلم
خبيث يضرب الأولاد. لقد ضربني اليوم وأوجعني فبكيت
طويلاً، كفاني مدرسة، الآن أصبح دور أخي ليذهب مكاني الى
المدرسة، لماذا دائمًا أنا؟»

منذ ذلك الحين لم تطأ قدماه المدرسة أبدًا. والده على كل
حل لا تهمه المدرسة وقراءة الكتب، فهو الذي يقول بان ابنه لا
يحتاج أن يكتب أو يقرأ رسائل الغرام، فقد وجد له الفتاة التي
سيتزوجها.

Drittes Kapitel,
in dem Abu Hanna »wahre« Geschichten erzählt

*Abu Hanna** war die wichtigste Gestalt in unserer Gasse, er genoss hohes Ansehen im gesamten Viertel. Wir riefen ihn mit dem Spitznamen *al-Wahsch*, »der Wilde«, wegen seiner Stärke und seines Mutes. Er war freundlich zu allen Bewohnern der Gasse und griff niemanden an, solange man freundlich zu ihm war. Er verteidigte die Benachteiligten, schützte die Schwachen und verjagte die fremden Jugendlichen, die sich seiner Meinung nach bei uns nur herumtrieben, um den Mädchen nachzustellen. Er hatte selbst keine Töchter, sondern nur Söhne, deshalb betrachtete er alle Mädchen in der Gasse wie eigene Töchter. Die Mädchen waren davon nicht begeistert.

Abu Hanna konnte weder schreiben noch lesen. Er war nur drei Jahre lang zur Schule gegangen; dann hatte er sie für immer verlassen, weil der Lehrer ihn geprügelt hatte. Eines Tages war er zu seiner Mutter gekommen und hatte gesagt:

»Hör zu, Mutter. Ich gehe nie mehr zur Schule. Dieser Lehrer ist bösartig und schlägt die Kinder; heute hat er mich verprügelt, bis ich geheult habe. Ich bin lange genug zur Schule gegangen. Jetzt soll mein Bruder an meiner Stelle hingehen. Warum immer ich?«

Seitdem hat er keinen Fuß mehr in die Schule gesetzt. Sein

مرة التقاه معلم المدرسة في الساحة أمام الكنيسة. فناداه ليأتي إلى عنده ليقنعه بالعودة إلى المدرسة. لكن أبو حنا فرّ أمامه ورماه بالحجارة. جميع الأولاد كانوا يخافون رميه لأن إصابته لا تخطئ.

تحت سترته يحمل دائمًا خنجرًا قديمًا ورثه من والده. عندما يقولون له بأننا نعيش الآن في عصر آخر يرد عليهم بأنه بدون الخنجر يشعر بنفسه عاري.

يجلس في المساء على سطح البيت، ومن هناك يشمل كل الزقاق بنظرته، ويراقب كل شخص يمر. يشرب قهوته الثقيلة ويُسبّح بمسبحته. أمّا السيجارة فلا تسقط من بين أصابعه إلّا حينما يغضب فيرمي السيجارة على الأرض ويرتفع صوته. العديد من الرجال في زقاقنا ومن الأزقة الآخرى في حيّنا كانوا يأتون إليه ويجلسون معه ويستمعون بشغف إلى حكاياته الكثيرة حول بطولاته، فقد كان حكواتيًّا ماهرًا. ويؤكد دائمًا على أن كل هذه القصص التي يرويها عايشها بنفسه ولا توجد أي قصة غير صحيحة.

كان يتكلم برغبة حول السياسة. فكل يوم يستمع إلى كل الإذاعات الناطقة بالعربية ليبقى متابعًا للأخبار. وعندما تنتهي نشرة الأخبار يقفل الراديو، حتى لو جاءت من بعد أغنية جميلة، فكل هذه الأغاني كانت بالنسبة له أغاني «خلاعة» و«صراخ». فكان يُسمي الموسيقى الحديثة «موسيقى القرود». وعندما يرغب سماع الموسيقى يغني بنفسه.

لقد كان ملمًا بكل أحداث السياسة العالمية. أما الرجال في الزقاق فكانوا، عندما تفوتهم نشرة الأخبار، يذهبون إلى عنده

Vater hielt ohnehin nicht viel von der Schule und vom Bücherlesen. Er sagte, sein Sohn brauche Liebesbriefe weder zu schreiben noch zu lesen, denn er habe bereits ein Mädchen für ihn gefunden, das Abu Hanna später heiraten werde.

Einmal traf ihn der Lehrer auf dem Platz vor der Kirche. Er rief ihn zu sich, um ihn zu überreden, zur Schule zurückzukehren. Abu Hanna aber rannte davon und bewarf den Lehrer mit Steinen. Er war ein guter Steinewerfer; alle Kinder fürchteten seine Würfe, weil sie nie fehlgingen.

Unter seiner Jacke trug er stets einen alten Dolch, den er von seinem Vater geerbt hatte. Und wenn man ihm sagte, man lebe doch heute in anderen Zeiten, meinte er immer, ohne den Dolch fühle er sich wie nackt.

Abends setzte er sich auf das Dach seines Hauses, von wo aus er die gesamte Gasse überblicken konnte, und beobachtete jeden, der vorüberkam. Dabei trank er einen starken Kaffee und spielte mit seiner Handkette. Die Zigarette ließ er nie aus den Fingern, es sei denn, er wurde zornig; dann warf er sie auf den Boden und erhob seine Stimme. Viele Männer aus unserer Gasse und anderen Gassen des Viertels kamen zu ihm, setzten sich hin und lauschten den zahlreichen Geschichten über seine Heldentaten. Er war ein guter Erzähler und behauptete, dass er alle Geschichten selbst erlebt habe und dass nicht eine von ihnen unwahr sei.

Gern sprach er über Politik. Jeden Tag hörte er alle arabischsprachigen Sender, um die Nachrichten zu verfolgen. Waren die Nachrichten vorbei, schaltete er das Radio aus, auch wenn danach ein schönes Lied kam. Denn diese Lieder waren alle

ويسألونه عن الأحداث الجديدة.

كان الأولاد يخافونه جدًا. فهم الذين أطلقوا عليه لقب الوحش. لا يلعبون الكرة أبدًا أمام بيته حتى عند غيابه عن البيت. ذِكر اسمه يكفي لطردهم. في أكثر الأحيان تتورد وجنتاه لأنه سريع الغضب. وعندما يضحك، يضحك بصوت عال. كان فارع الطول ويمشي باستقامة رغم كبر سنه. يُفتل بشواربه الغليظة التي تتأرجح باستمرار.

في كل حفلة يجب أن يكون أبو حنا موجودًا، فوجوده يكفي لخلق جو احتفالي. لم يكن صارمًا كثيرًا في بيته. أما خارج البيت فكان ينتبه إلى مراعاة الأدب وخاصة عند بعض الناس الذين هم على حسب رأيه قليلي الأدب. يكفهر وجهه عندما يمر غريب في الزقاق وينظر إليه بتجهم. كان يدخن بشغف وسرعة.

عندما أمر من أمامه، أقف وأحييه بكل احترام، فيرد عليّ التحية بابتسامة دون أن يحرّك ساكنًا. لم يكن يناديني باسمي. كنت بالنسبة له ابن طلال. أما أمي فلا أحد يذكرها، هكذا، وكأن ليس لها أي دور بوجودي.

كان أبو حنا يعزّني كثيرًا لأنني كنت دائمًا أحييه بكل احترام ولطافة. كنت أحب الاستماع الى حكاياته، لقد سمعتها مرارًا لكن كل مرّة كان يرويها بشكل آخر.

عندما يروي حكاياته المحببة يجلس القرفصاء كشاب على الأرض ويفتل شواربه ويأخذ نفسًا عميقًا من سيجارته، عيناه تلمعان ووجنتاه تتوردان، لا أحد يجرؤ على مقاطعته حتى لو بسؤال استفساري. ويسيطر على المكان هدوء كامل. كانت

»unanständig« und »Geschrei« für ihn. Er nannte die moderne Musik »Affenmusik«. Verlangte es ihn nach Musik, so sang er selbst.

Er war bestens informiert über die Ereignisse der Weltpolitik. Wenn die Männer in der Gasse es versäumt hatten, die Nachrichten zu hören, gingen sie zu ihm und fragten, was es Neues gab.

Die Kinder fürchteten ihn sehr. Sie waren es, die ihm den Namen *al-Wahsch* gegeben hatten. Nie spielten sie Ball vor seinem Haus, auch dann nicht, wenn er nicht daheim war. Es genügte, seinen Namen zu nennen, um alle Kinder zu verscheuchen. Seine Wangen waren stets gerötet, denn er wurde leicht wütend, und wenn er lachte, dann lachte er sehr laut. Er war sehr groß und ging trotz seines Alters immer noch aufrecht. Andauernd zwirbelte er seinen dicken Schnurrbart, der ständig auf und ab wippte.

Bei jedem Fest musste Abu Hanna dabei sein. Seine Anwesenheit genügte, um die Atmosphäre feierlich zu gestalten. Zu Hause war er nicht sehr streng, aber draußen achtete er auf »Anstand«, vor allem bei den Leuten, die er für »unanständig« hielt. Sein Gesicht verdüsterte sich, wenn ein Fremder in die Gasse kam, und er sah ihn mürrisch an. Er rauchte viel und hastig.

Jedesmal, wenn ich an ihm vorbeiging, blieb ich stehen und grüßte ihn achtungsvoll; er erwiderte meinen Gruß bewegungslos und mit einem Lächeln. Nie nannte er mich beim Namen. Ich war für ihn immer *Ibn Talal*, der Sohn von Talal. Und meine Mutter wurde hier überhaupt nicht genannt, so als sei sie

زوجته أميرة تفرش الأرض بالطراريح وتوزعها بشكل نصف دائري وتمد عليها سجاد الصوف. فيتمدد الرجال بشكل مريح على جنبهم ويرتكون على المخدات المكدسة تحت إبطهم.

***

بعد ظهر ذلك اليوم من أيام الصيف الحارة كان الكثير من الرجال جالسين وممدين عند أبو حنا. أيضًا أبي كان بينهم. في العادة ينام أبي بعض الشيء بعد عودته من العمل ومن ثم يخرج من البيت، هذا إذا ما أتى أحد الرجال إلى عنده. وعندما أخبرتني أمي بأن والدي عند أبو حنا، ركضت حالاً إلى هناك.

«ما الأمر؟ لماذا أنت هنا؟ يجب أن تعمل واجباتك المدرسية» قال والدي، لكنني لم أجاوب.

فهم أبو حنا حالاً وأشار إلى والدي بأن يدعني أبقى هنا. ابتسم لي أبو حنا فبانت أسنانه ومس شعر رأسي برقة، كما يفعل

an meiner Existenz gar nicht beteiligt.

Abu Hanna mochte mich gern, weil ich ihn immer respektvoll und freundlich begrüßte. Ich liebte es, seinen Geschichten ganz still zu lauschen; ich habe sie oft gehört, und jedes Mal hat er sie anders erzählt.

Wenn er seine Lieblingsgeschichte vortrug, setzte er sich wie ein junger Mann im Schneidersitz auf den Boden, zwirbelte seinen Schnurrbart und nahm einen tiefen Zug von seiner Zigarette, wobei seine Augen glänzten und seine Wangen erröteten. Niemand durfte ihn unterbrechen, auch nicht mit einer Frage; es herrschte absolute Ruhe. Seine Frau Amira breitete die großen Matratzen in einem Halbkreis auf der Erde aus und legte Wollteppiche darüber. Die Männer streckten sich bequem auf der Seite aus, ein paar Kissen unter dem Ellbogen gestapelt.

* * *

An jenem heißen Sommertag lagen und saßen am späten Nachmittag viele Männer um Abu Hanna herum. Mein Vater war auch darunter. Gewöhnlich hielt er nach der Arbeit ein Mittagsschläfchen und traf sich erst danach mit den anderen Männern, es sei denn, sie kamen zu ihm. Als meine Mutter mir erzählte, dass mein Vater bei Abu Hanna sei, lief ich sofort dorthin.

»Was ist los? Warum bist du hier? Du sollst doch deine Schulaufgaben machen«, sagte mein Vater.

Ich antwortete nicht. Abu Hanna aber verstand sofort und

الآخرون عادة عندما يصادفوني مع أمي ويبدون إعجابهم بأن عندها ابن شاب كبير مثلي. كانوا يسألون دائمًا:

«كم صبي عندك؟» وليس «كم طفل عندك؟».

الناس لم تكن تسأل أبدًا عن أخواتي البنات وعندما كنت أسأل أمي عن السبب لم تعطيني أي جواب.

إذن أبو حنا سمح لي بالبقاء وقال لي بهدوء:

«أنت صبي جيد، اجلس بعض الشيء ومن ثم تذهب إلى البيت وتعمل واجباتك المدرسية. لكن لا تلعب في الشارع، الشارع ليس لأمثالك».

جلست هادئًا خلف حلقة الرجال أسترق السمع لأحاديثهم. وعندما لا يروي أبو حنا أي حكاية، يتحدث الرجال عن الأسعار وخاصة أسعار الزيت والخضار واللحم. وبدرجة خاصة عن أسعار القهوة والشاي. ومن بعد ينتهي بهم المطاف عند موضوعهم المحبب، السياسة.

* * *

هذه المرة أقسم أبو حنا بأن هذه الحكاية حقيقية. وذكّر الحاضرين على أنه في الماضي كان صيادًا ماهرًا. كان يملك بندقية ألمانية من النخب الأول سرقها من جندي تركي عند انسحاب الأتراك من البلاد. ضحك أبو حنا ضحكة عالية وسأل

gab meinem Vater ein Zeichen, dass er mich hier lassen solle. Abu Hanna lächelte mir zu, und seine Zähne kamen dabei zum Vorschein. Er streichelte mir über den Kopf, so wie die Leute es taten, wenn sie mich mit meiner Mutter sahen und meine Mutter bewunderten, dass sie schon so einen großen Jungen hatte. Sie fragten meine Mutter immer:

»Wie viele Jungen hast du?« und nicht: »Wie viele Kinder hast du?«

Nie erkundigten sich die Leute nach meinen Schwestern. Wenn ich meine Mutter nach dem Grund fragte, gab sie mir keine Antwort.

Abu Hanna erlaubte mir also dazubleiben und sagte ruhig:

»Du bist ein guter Junge. Setz dich ein bisschen, und nachher gehst du nach Hause und machst deine Schulaufgaben. Aber nicht auf der Straße spielen! Die Straße ist nichts für dich.«

Ich setzte mich still hinter die Männerrunde und lauschte ihren Gesprächen. Wenn Abu Hanna keine Geschichte erzählte, redeten die Männer über die Preise, vor allem über die Preise für Speiseöl, Margarine, Fleisch und insbesondere über die Preise für Kaffee und Tee. Zum Schluss landeten sie bei ihrem Lieblingsthema, der Politik.

* * *

Auch diesmal schwor Abu Hanna, dass die Geschichte wahr sei. Dann erinnerte er die Anwesenden daran, dass er früher einmal ein guter Schütze war. Er besaß ein erstklassiges deutsches Gewehr, das er einem türkischen Soldaten gestohlen

الحاضرين:

«هل تعرفون وعر اللجاة؟»

ودون أن ينتظر الجواب تابع حديثه:

«هناك تعيش بعض قبائل البدو، الذين لا ينصبون خيامهم إلاّ في الشتاء. بالمناسبة فالوعر معروف بطيوره المختلفة وبأرانبه البرية وغزلانه. وتعيش هناك أيضًا حيوانات كاسرة: ذئاب وثعالب وضباع. في إحدى المرات أمسكت ضبعًا وروضته وأخذته معي إلى البيت فتوافد الرجال من كل القرى المجاورة ليبدوا إعجابهم به. من بعد بعته للغجر فدربوه على الرقص وأخذوه معهم إلى المدينة، وكسبوا من ورائه أموالاً طائلة.

لا يوجد في الوعر أي بيت لكن يوجد الكثير من البحيرات الصغيرة التي ترتادها في الربيع والصيف الطيور والحيوانات الأخرى. إنها منطقة مخيفة وصخرية، ومليئة بالأفاعي السامة. وكنت أذهب مرارًا لوحدي إلى هناك راكبًا الخيل لأتصيَّد.»

كنت أراقب حركات ذراعيه ويديه. كان يرفعها إلى الأعلى ومن ثم يتركها تنزل. كان يحرك يديه إلى اليسار وإلى اليمين. كنت مفتونًا بهذه الحركات أكثر من الحكاية نفسها؛ فقد كان يروي بشغف بكل قواه وكل أعضاء جسمه كانت تروي معه. حالاً يرتفع صوته، وحالاً ينخفض، بعض الأحيان يصرخ والشخص الذي كان قد غفى للتو يستيقض مذعورًا، والأجسام الممتدة تتحرك وتتقلب أحيانًا من جهة إلى أخرى، تتأرجح في مكانها ومن ثم يعودون إلى السكينة. أحيانًا ينتفض جسم جالسًا وكأن شيئًا قد حدث.

يبدأ أبو أمين الذي يسكن في آخر الزقاق بالشخير. فهو يعمل

hatte, als die Türken sich aus dem Land zurückzogen.

Abu Hanna lachte ganz laut und fragte die Runde:

»Kennt ihr die Al-Ladscha-Steppe?«

Ohne eine Antwort abzuwarten, fuhr er fort:

»Dort leben nur ein paar Beduinenstämme, die lediglich im Winter ihre Zelte aufschlagen; im Übrigen ist die Steppe bekannt für ihre vielen verschiedenen Vögel und für ihre Hasen und Rehe. Aber es gibt dort auch wilde Tiere: Wölfe, Füchse und Hyänen. Einmal habe ich eine Hyäne gebändigt und sie mit nach Hause genommen. Viele Männer aus den umliegenden Dörfern kamen, um sie zu bewundern. Dann habe ich sie an Zigeuner verkauft. Die brachten ihr das Tanzen bei und nahmen sie mit in die Stadt; dort haben sie viel Geld mit ihr verdient.

Kein einziges Haus gibt es dort, aber viele kleine Teiche, die im Frühling und Sommer von Vögeln und anderen Tieren besucht werden. Es ist ein unheimliches Gebiet, felsig und voll von giftigen Schlangen. Ich ritt öfter dorthin, um zu jagen.«

Ich beobachtete die Bewegungen seiner Arme und Hände. Er hob und senkte die Arme, drehte die Hände nach links und nach rechts. Das faszinierte mich mehr als die Geschichte selbst. Er erzählte leidenschaftlich mit all seinen Kräften, und alle Glieder seines Körpers erzählten mit. Seine Stimme wurde bald lauter, bald leiser. Manchmal schrie er, und derjenige, der inzwischen eingeschlafen war, wachte erschrocken auf. Die herumliegenden Körper bewegten sich gelegentlich, drehten sich von einer Seite auf die andere, schwankten und blieben dann erneut still liegen. Manchmal setzte sich ein Körper

حارسًا ليلاً في إحدى الشركات وينام فقط في النهار. عادة ينام بعد عودته من العمل بعض الساعات ويتناول الفطور ويذهب إلى عند الآخرين أو يأتون إلى عنده، فهو لا يرتاح ولا يخلو إلى الطمأنينة إلّا إذا كان بين الناس:

«مرة كنت أتجول في الوعر، وكان الجو حارًا جدًا. كان في حوزتي بندقية وفي نيتي الصيد. لقد كنت وحيدًا فأنا في العادة لا أسمح لأحد بمرافقتي أثناء الصيد. الوقت أصبح ظهرًا ولم يحالفني الحظ بعد. لم أجلب معي زوادة ومخزوني من المياه قد نفذ. شيئًا فشيئًا بدأت أحس بالجوع أثناء المشي. وفجأة شاهدت سربًا من طيور يطير فوقي. فصوّبت بندقيتي نحوه وأطلقت النار. لم أعرف كم طيرًا أصبت. وتفاجأت حين وجدت أن بعض الطيور كانت قد سقطت فوق موقد نار، كانت مجموعة من البدو قد أشعلوها من أجل أن يطبخوا. فوجدت خمسة طيور مشوية، وهكذا استطعت الأكل. وبالقرب اكتشفت إبريقًا من الفخار مملوءً بالماء البارد العذب.»

لقد كانت حكاياته طويلة. وعندما ينتهي من إحداها، يوزع القهوة المرّة. على الأغلب يقوم هو بنفسه بتوزيع القهوة. ففي يد يمسك فنجانين أو ثلاثة فوق بعضها البعض وفي اليد الأخرى إبريق القهوة النحاسي الثقيل. ويقف في الوسط ليسكب القهوة في الفناجين. ويجب أن لا يسكب كثيرًا، فقط جرعة واحدة، ثم يشرب أول فنجان حتى يبيّن للضيوف أن قهوته صافية. وعندما يكتفي الشارب من القهوة عليه أن يهز فنجانه هزة خفيفة وإلّا سيسكب له أبو حنا باستمرار.

لقد كنت سعيدًا وفخورًا عندما سمح لي والدي أن أوزع

— 28 —

plötzlich auf, als ob etwas passiert wäre.

Abu Amin, der am Ende der Gasse wohnte, begann zu schnarchen. Er arbeitete als Nachtwächter in einer Fabrik und schlief tagsüber. Er schlief nur ein paar Stunden, dann frühstückte er und ging zu den anderen, oder die anderen Männer kamen zu ihm. Er schien sich nur ausruhen und entspannen zu können, wenn er unter Leuten war.

»Einmal wanderte ich in der Steppe, als es sehr heiß war. Ich hatte mein Gewehr dabei und wollte etwas jagen. Ich war allein, denn auf der Jagd duldete ich keine Begleitung. Es wurde Mittag, und ich hatte noch immer kein Glück. Proviant hatte ich keinen mitgenommen, mein Wasservorrat ging zu Ende, und allmählich bekam ich auch Hunger. Da sah ich plötzlich Scharen von Vögeln über mir fliegen. Ich zielte mit meinem Gewehr auf sie und schoss. Ich weiß nicht mehr, wie viele ich getroffen habe, aber zu meiner Überraschung waren einige über einer Feuerstelle heruntergefallen. Das Feuer hatte zuvor eine Beduinengruppe angezündet, um zu kochen. Fünf Vögel fand ich, alle schon gegrillt, so dass ich sofort essen konnte. In der Nähe entdeckte ich auch noch einen Tonkrug mit kühlem, erfrischendem Wasser.«

Seine Geschichten waren lang, und wenn er eine beendet hatte, servierte er einen starken Kaffee. Er servierte ihn meist selbst. In der einen Hand hielt er zwei oder drei Tassen übereinander, in der anderen die schwere, kupferne Kanne. So stand er in der Mitte und goss den Kaffee in die Tassen; es durfte nicht viel sein, immer nur ein Schluck. Die erste Tasse trank er selbst, um den Gästen zu zeigen, dass der Kaffee in

القهوة. كنت أشعر بنفسي قد أصبحت يانعًا ومسموحًا لي أن أجرّب جرعة قهوة. أمّا النساء فلم يكن مسموحًا لهن توزيع القهوة على الرجال.

Ordnung war. Hatte man genügend Kaffee gehabt, musste man die Tasse leicht schwenken, denn sonst hätte Abu Hanna neu eingießen müssen.

Ich war immer glücklich und stolz, wenn mein Vater mich bat, den Kaffee zu servieren. Ich fühlte mich dann groß und durfte sogar einen Schluck probieren. Frauen war es im Allgemeinen nicht gestattet, Männern Kaffee einzugießen.

الفصل الرابع
حيث يهتم أبو حنا بمراعاة الأدب

حدث ذلك في الصباح الباكر. كانت الشمس تطل من النافذة المؤدية إلى الزقاق والذي مازال يغمره الظل. من الخارج يأتي صراخ وشتائم. فتطلعت بتعجب إلى الزحام غير الاعتيادي في هذه الساعة من النهار. كان سكان الزقاق واقفين أمام بيوتهم ووجوههم متكدرة. ومن باب الفضول أردت الخروج لأرى ما الأمر، فنادتني أمي:

«إبقَ هنا! هؤلاء الجيران بدون أدب لقد وسخوا سمعة زقاقنا. والذي حصل شيء لا يعنينا».

ذهبت إلى الغرفة التي لها نافذة واطئة تطل على الشارع ورأيت كيف كانوا يشتمون ويتعاركون. وأخيرًا أتت الشرطة.

«لماذا يتعاركون؟» سألتُ أمي.

«لا أعرف» أجابت أمي «هذا شيء لا يعنينا وأنت مازلت صغيرًا».

«طيّب، لكن لماذا أتت الشرطة؟ بالتأكيد حصل شيء خطير!»

«هذا البيت الواقع جنب محل عزيز هو بيت وسخ» قالت أمي «في الليل يدخله رجال ويخرج منه رجال ولا أحد يعرف من هؤلاء الرجال. فقدْ فَقَدَ أبو حنا الصبر وشتم اليوم باكرًا رجلين

Viertes Kapitel,
in dem Abu Hanna für Anstand sorgt

Es war sehr früh am Morgen. Die Sonne blickte durch das Fenster, das zur Gasse ging, die noch im Schatten lag. Von draußen drangen Geschrei und Geschimpfe herein, und ich blickte überrascht auf das für diese Tageszeit ungewöhnliche Gedränge. Alle Bewohner standen mit mürrischen Gesichtern draußen vor ihren Häusern. Neugierig wollte ich hinausgehen, um zu sehen, was los war. Aber meine Mutter rief mich zurück: »Du bleibst hier! Diese Nachbarn sind unanständig, sie haben unsere Gasse beschmutzt. Was da passiert, geht uns nichts an.«

Ich ging in das Zimmer mit dem niedrigen Fenster zur Gasse und sah, wie sie dort schimpften und sich stritten. Schließlich kam die Polizei.

»Warum streiten sie sich?« fragte ich meine Mutter.

»Ich weiß nicht«, antwortete sie. »Das geht dich auch nichts an; du bist noch klein.«

»Ja, aber warum ist dann die Polizei gekommen? Es muss etwas Schlimmes passiert sein!«

»Das Haus da, neben dem Laden von Aziz, ist ein schmutziges Haus«, sagte sie. »Da gehen nachts Männer ein und aus, und man weiß nicht, wer sie sind. Abu Hanna hat die Geduld verloren und heute früh zwei fremde Männer, die das Haus

غريبين كانا قد خرجا من البيت. ومن ثم تعاركوا بالأيدي. لقد أنذر أبو حنا هذه العائلة مرارًا. في كل مكان في الحي يتكلمون حول هذا البيت. ومن ثم في زقاقنا يوجد نساء وبنات».

لم أفهم معنى ذلك كله. ما هي العلاقة الموجودة بين الرجال الغرباء والنساء والبنات في زقاقنا وبين أبو حنا والحي والبيت الوسخ؟

وقبل أن أنهي تفكيري، ذكّرتني أمي بأنه يجب علي أن أذهب إلى المدرسة، وكالعادة حذرتني:

«لا ترجع متأخرًا إلى البيت! كن مؤدبًا في الطريق، إنتبه لنفسك واحذر السيارات!»

قلت لها بسرعة:

«نعم. نعم. أنا أخبرك بكل شيء أقوم به في الخارج، فأنت تعلمين ذلك».

في الماضي عندما كنت صغيرًا كانت تقول لي ولإخوتي:

«يجب أن تكونوا مؤدبين في الخارج، ولا تفعلوا شيئًا غير لائق، فأنا أعرف كل شيء، لأن الحمامة ستراكم وتخبرني».

في الحقيقة كنّا نعتقد ذلك وهكذا كنت أخبرها بكل شيء حتى لا تقوم الحمامة بإخبارها قبلي. فهذه العادة مازالت عندي على الرغم من أني أصبحت يافعًا ولم أعد طفلاً، فأنا لا أخفي شيئًا عن أمي وبعكس والدي الذي أخفي عنه كل شيء.

* * *

verließen, beschimpft; da kam es zu Handgreiflichkeiten. Er hatte diese Familie schon mehrmals gewarnt, denn überall im Viertel wird seit langem über das Haus geredet. Und hier wohnen doch so viele Frauen und Mädchen!«

Ich verstand nicht, was das alles bedeutete. Welchen Zusammenhang gab es zwischen den fremden Männern, den Frauen und Mädchen unserer Gasse, Abu Hanna, dem Viertel und dem schmutzigen Haus?

Bevor ich zu Ende denken konnte, machte meine Mutter mich darauf aufmerksam, dass ich zur Schule musste. Wie üblich ermahnte sie mich:

»Komm nicht zu spät nach Hause! Benimm dich anständig auf dem Weg! Pass auf und achte auf die Autos!«

Ich sagte schnell:

»Ja, ja. Du weißt doch, ich erzähle dir alles, was ich draußen tue.«

Früher, als ich noch sehr klein war, hatte meine Mutter mir und den Geschwistern immer gesagt:

»Ihr sollt euch draußen anständig benehmen und nichts anstellen. Denn ich erfahre alles, weil die Taube es sieht und mir dann erzählt.«

Wir haben es tatsächlich geglaubt; deshalb erzählte ich ihr alles, bevor es die Taube vor mir tat. Diese Gewohnheit hatte ich beibehalten, obwohl ich jetzt ein Junge und kein Kind mehr war. Vor meiner Mutter verbarg ich nichts, vor meinem Vater jedoch alles.

* * *

خرجت من البيت مسرعًا لألتحق بالزملاء الذين أرافقهم يوميًا إلى المدرسة. لم أستطع أن أحكي لهم كثيرًا لأني لم أكن أعرف تمامًا ماذا جرى تحديدًا لأبو حنا.

في المدرسة كنتُ شارد الذهن وبدون تركيز. كنت أريد العودة إلى البيت بسرعة لأعرف ماذا فعل أبو حنا مع الرجلين الشابين، فأصدقائي كانوا متعجبين لأني لم أذهب معهم إلى ساحة الحي الكبيرة لنلعب كرة القدم، وإنما جريت مسرعًا إلى البيت. هناك وجدت أبي جالسًا مع أمي في باحة الدار، تحكي له عن ما جرى اليوم صباحًا. فوالدي لم يكن حاضرًا أثناء الشجار، فقد ذهب إلى العمل قبل حدوث النزاع وإلاّ فسينجد أبو حنا، لأنه قويًا ويخافه الرجال، لهذا يحبه أبو حنا ويعزه كأحسن صديق له. ثم سمعت أمي تقول:

«أبو حنا في المستشفى».

فصرخت مرتعبًا وخائفًا:

«أبو حنا؟ كيف؟ فهو رجل قوي!»

تابعت أمي حديثها:

«كانا رجلين شابين وقويين، أحدهم طعن أبو حنا في قدمه بالسكين ولم يتقدم أي رجل في الزقاق لنجدته».

حزنت وحقدت على كل سكان الزقاق الذي لم ينجدوا أبو حنا. لم أكن أعتقد في حياتي أن أبو حنا بالذات سوف ينجرح بالسكين. خاصة هو الذي يحمل دائمًا الخنجر تحت سترته. وعندما ارتدى والدي طَقْمه وربطة عنقه وهمّ بالخروج، سألته أن يسمح لي بمرافقته ولكنه رفض، وقال غاضبًا:

«كم مرة قلت لك إنك مازلت صغيرًا. وهذه أشياء لا تعنيك

Ich rannte schnell aus dem Haus, um meine Schulkameraden zu treffen, die jeden Tag mit mir zur Schule gingen. Auf dem Weg erzählte ich ihnen, was heute in unserer Gasse passiert war. Aber viel konnte ich nicht berichten, weil ich nicht genau wusste, was Abu Hanna wirklich getan hatte. In der Schule war ich unaufmerksam und in Gedanken. Ich wollte so schnell wie möglich nach Hause, um zu erfahren, was Abu Hanna mit den beiden jungen Männern angestellt hatte. Meine Freunde waren erstaunt, dass ich nicht mit ihnen auf dem großen Platz des Viertels Fußball spielte, sondern gleich nach Hause lief. Dort saß mein Vater mit meiner Mutter im Innenhof, und sie erzählte ihm gerade von heute morgen. Mein Vater hatte die Auseinandersetzung nicht mitbekommen, denn er war schon zur Arbeit gegangen, bevor der Streit begonnen hatte, sonst hätte er Abu Hanna geholfen. Mein Vater war nämlich stark und wurde von vielen Männern gefürchtet. Deshalb mochte ihn Abu Hanna und war sein bester Freund. Ich horte, wie meine Mutter sagte:

»Abu Hanna ist im Krankenhaus.« Erschrocken und enttäuscht rief ich:

»Unser Abu Hanna? Der ist doch stark!«

Meine Mutter erzählte weiter:

»Es waren zwei junge Männer, sehr stark, und einer von ihnen hat Abu Hanna ins Bein gestochen. Keiner aus der Gasse hat ihm geholfen!«

Ich war sehr traurig und hasste alle Bewohner der Gasse, die Abu Hanna nicht geholfen hatten. Nie hätte ich geglaubt, dass ausgerechnet Abu Hanna mit einem Messer verletzt würde, er,

ولا تفهمها)).

كانت هذه الليلة رهيبة. شعرت بالخوف وطلبت من أمي أن
تغلق باب البيت. ويجب على أبي أن يأخذ المفتاح معه.
ضحكت أمي على سذاجتي. لكنني لم أستطع النوم وكنت
أسمع باستمرار وقع خطوات رجال في الزقاق.

der doch den Dolch unter seiner Jacke trug! Als mein Vater sich seinen Anzug anzog und die Krawatte umband, um auszugehen, fragte ich ihn, ob ich mitkommen dürfe. Aufgeregt meinte er:

»Wie oft habe ich dir schon gesagt, dass du noch zu klein bist! Und das sind Dinge, die dich noch nichts angehen und die du auch gar nicht verstehst.«

Die Nacht war fürchterlich. Ich hatte große Angst und bat meine Mutter, die Haustür abzuschließen; mein Vater solle einen Hausschlüssel mitnehmen. Sie lächelte nur über meine Naivität. Ich aber konnte nicht schlafen und hörte ständig Schritte von Männern in der Gasse.

الفصل الخامس
حيث ضاع عامر راعي العجول في دمشق

استيقظ عامر كعادته مع بزوغ الفجر. كان يومًا ربيعيًا جميلاً. الجو مازال باردًا، رغم سطوع الشمس.

«سآخذك معي إلى دمشق» هذا ما قاله له عمه مرة. ومنذ ذلك الوقت وهو ينتظر هذا اليوم ويحلم به ويخطط له. كان يحلم باستمرار، يعيش كل نهاره في الحلم. ماذا سيحصل له لو تحقق حلم من أحلامه، هذا ما فكر به طول هذه الليلة.

كان دائمًا يحلم بالسفر إلى دمشق، ويتمنى أن يتحقق شيء من هذا الحلم غدًا. ففي حياته كلها لم يرى مدينة قط. في هذه الليلة خلع ملابسه بكاملها كالعادة. فهو لا ينام إلاّ عاريًا، لا يُطيق اللباس عند النوم، استحم قبل النوم، غسل كامل جسمه بالصابون، ففي الصباح لا يوجد وقت للاستحمام. تغطّى بغطاء صوفي وارتمى على الفراش. فهو ينام مبكرًا، وأهل القرية يقولون له داائمًا:

«ما بك يا عامر تنام دائمًا مع الدجاج؟»

هذا غير صحيح، ففي موسم الأعراس يحتاجونه، إذ أنه الوحيد في القرية الذي يعزف على الشبابة بشكل ماهر. وبدونه لا ينجح أي عرس.

Fünftes Kapitel,
in dem Amer, der Kuhhirte, in Damaskus
verloren geht

Amer erwachte wie gewöhnlich bei Anbruch der Morgendämmerung. Es war ein schöner Frühlingstag und noch kühl, obwohl die Sonne schien.

»Ich werde dich mit nach Damaskus nehmen«, hatte sein Onkel einmal zu ihm gesagt, und seitdem wartete er auf diesen Tag, träumte davon und machte Pläne. Er träumte überhaupt ständig, lebte den ganzen Tag im Traum. Was aber würde passieren, wenn einer dieser Träume Wirklichkeit würde? Darüber hatte er die ganze Nacht nachgedacht.

Schon immer hatte er also davon geträumt, nach Damaskus zu fahren. Und dieser Traum sollte morgen wahr werden. Noch nie hatte er eine Stadt gesehen.

In dieser Nacht zog er wie gewöhnlich alle Kleider aus, denn er schlief nackt, mochte es nicht, angezogen zu schlafen. Er nahm ein Bad und wusch sich gründlich mit Seife, da er am nächsten Morgen keine Zeit dazu haben würde. Dann warf er sich auf die Matratze und bedeckte sich mit einer Wolldecke. Er ging immer früh ins Bett, so dass die Leute im Dorf zu ihm sagten:

»Was ist mit dir los, Amer? Gehst du immer mit den Hühnern

إرتدى عامر هذا الصباح أجمل ملابسه، الجلابية وكذلك الجاكيت المطرّزة الجميلة التي خيطتها له خياطة القرية رمزية. وهي الوحيدة التي تملك آلة خياطة. القماش جلبه له عمه من دمشق، اشتراه من سوق القماش. من عند أبو أمين الذي يشتري من عنده الأقمشة كل سكان زقاقنا. أبو أمين صادق لا يغش. وهو المحل الوحيد الذي لا يحتاج الإنسان للمساومة على الثمن ويمكن الشراء من عنده بالدين. كان القماش جوخ إنكليزي أصلي، عليه الختم. عامر لا يستطيع القراءة والكتابة لكن ابن المختار الذي يتعلم في المدرسة الثانوية في المدينة ويعرف اللغة الأجنبية قرأ له الشيء المكتوب على الختم، إذ كان مكتوبًا عليه: «صناعة إنكليزية».

حلق عامر لحيته وصفف شعره بالزيت. فقد اشترى زجاجة زيت الشعر من دكان القرية. وهو يستعملها فقط في الأعراس. ثم خرج من غرفته واتجه صوب موقف القطار الذي يبعد عن القرية حوالي نصف ساعة مشيًا على الأقدام. في الطريق كان عليه أن يمر في ساحة القرية، حيث يجتمع الكثير من الرجال من قبيل الفضول، أو من أجل إرسال خبر أو أشياء إلى أقربائهم في المدينة. وعندما شاهدوا عامر في ثيابه الأنيقة تعجبوا كثيرًا. فهو راعي العجول في القرية، الذي يرتدي أغلب الأحيان ثيابًا رثة. خاصة في الصباح عندما يتوجه إلى مدخل القرية ليأخذ قطيع البقر إلى الحقول للرعي. ألقى عامر التحية على الرجال باعتزاز:

«صباح الخير يا رجال!»

فردّوا عليه:

«صباحك خيّر يا عامر، ما بك اليوم؟ إلى أين أنت ذاهب؟

schlafen?«

Nein, das tat er nicht, denn in der Hochzeitssaison wurde er dringend gebraucht. Er war der einzige gute Holzflötenspieler im Dorf. Ohne ihn konnte keine Hochzeit gelingen.

Amer zog an diesem Tag seine besten Kleider an: die *Galabija** und die schön verzierte Jacke, die Ramsia für ihn genäht hatte, die als einzige im Dorf eine Nähmaschine besaß. Den Stoff dazu hatte ihm sein Onkel aus Damaskus mitgebracht. Er hatte ihn bei Abu Amin im *Souk** für Textilien gekauft, in dem alle Bewohner unserer Gasse ihre Stoffe besorgten. Abu Amin war ein ehrlicher Mensch, bei dem man nicht zu feilschen brauchte und sogar auf Kredit kaufen konnte. Der Stoff war original englisches Tuch und hatte einen Stempel. Amer konnte nicht lesen und schreiben, aber der Sohn des Dorfvorstehers, der in der Stadt zum Gymnasium ging und Fremdsprachen lernte, hatte genau gelesen, was auf dem Stempel stand. Es stand dort: *Made in Great Britain*.

Amer rasierte sich und strich sich Pomade ins Haar. Er hatte sie im Dorfladen gekauft und benutzte sie nur zu Hochzeiten. Dann verließ er sein Zimmer und ging zur Zughaltestelle, die eine halbe Stunde zu Fuß vom Dorf entfernt war. Dabei kam er am Dorfplatz vorbei, wo sich in der Frühe viele Männer versammelten, aus Neugier oder um Nachrichten oder Kleinigkeiten für Verwandte in der Stadt mitzuschicken. Als die Männer Amer in seiner eleganten Kleidung sahen, wunderten sie sich sehr. Er war nämlich der Kuhhirte des Dorfes und trug meist alte, zerlumpte Kleider, vor allem am Morgen, wenn er zum Dorfeingang ging, um die Kühe von dort aus zur Weide

لباسك اليوم أنيق وكأنك ذاهب إلى عرسك وطالع مثل العريس».

إبتسم عامر وشعر ببعض الخجل لسماعه كلمة عريس، فهذه أكبر أمنية عنده. أجابهم:

«أنا مسافر إلى دمشق، سيأخذني عمي سعد معه. لقد أخبرني الكثير عن دمشق. فيها محلات كثيرة وبشر كثيرون، وبدل الدواب توجد سيارات، سوف أرى دمشق وأجرّب حلوياتها الطيبة»!

ضحك الرجال عاليًا. كان شيئًا غريبًا أن يسافر عامر، راعي العجول، إلى دمشق، مع أن أكثرهم لا يعرف دمشق أو أي مدينة أخرى كبيرة. لقد أمضوا كل عمرهم بين السهل والبيت. أكبر سفرة كانت كالعادة عندما يذهبون إلى الناحية التي فيها الإدارة ودائرة الشرطة وحيث يشترون المازوت في بعض الأحيان.

تابع عامر سيره، بعد أن ودّعهم وسألهم فيما إذا يُريدون أي شيء من دمشق. فردّوا عليه بسخرية:

«لا تبقى في دمشق. نحن بحاجة إليك يا عامر. احذر أن تخطفك امرأة شقراء من المدينة. نحن نعرف بأنك ذاهب إلى دمشق لتتفرج على النساء نصف العاريات».

وقهقهوا عاليًا فهم يعرفون أنهم يستطيعون أن يجرحوا شعوره بموضوع الزواج والنساء.

عمره خمسة وثلاثون سنة ومازال أعزبًا. عمه الذي يكبره بسنة فقط سيتزوج قريبًا المرأة الثانية. لذلك سيأخذه معه ليساعده في شراء جهاز العرس.

وصل عامر إلى موقف القطار. وكان أول راكب يصل هناك.

zu treiben. Amer begrüßte die Männer stolz:

»Guten Morgen, ihr Lieben!«

Die Männer erwiderten seinen Gruß:

»Dein Morgengruß bringt Glück, Amer. Was ist los heute? Wohin gehst du? Du bist ja so fein angezogen, als ob du zu deiner eigenen Hochzeit gingest. Du siehst ja aus wie ein Bräutigam!«

Amer lächelte; das Wort »Bräutigam« brachte ihn in Verlegenheit, denn es war sein größter Wunsch, einmal zu heiraten. Er antwortete:

»Ich fahre nach Damaskus. Mein Onkel Saad will mich mitnehmen. Er hat mir schon oft von Damaskus erzählt. Es gibt dort viele große Läden, sehr viele Menschen und statt Lasttiere laufen dort Autos. Ich sehe also Damaskus und probiere von seinen leckeren Süßigkeiten!«

Die Männer lachten laut. Es war zu komisch: Amer, der Kuhhirte, fuhr nach Damaskus! Die meisten von ihnen waren noch nie in Damaskus oder einer anderen großen Stadt gewesen. Ihr ganzes Leben verbrachten sie im Dorf zwischen Feld und Bauernhof. Die längste Fahrt war gewöhnlich eine Reise in die Kreisstadt, wo die Verwaltung und die Polizei saßen und wo sie manchmal Dieselöl kauften.

Amer ging weiter, nachdem er sich von ihnen verabschiedet und sie gefragt hatte, ob er ihnen etwas mitbringen solle. Sie antworteten jedoch höhnisch:

»Bleib nicht in Damaskus! Wir brauchen dich noch, Amer! Pass auf, dass du nicht von einer hellhäutigen Stadtfrau entführt wirst. Ah, wir wissen, du fährst nach Damaskus, um

جلس على حجر كبير وانتظر بفارغ الصبر مجيء عمه. موقف القطار هذا عبارة عن لافتة مكتوب عليها اسم القرية. لا بناء ولا مكتب ولا أي شيء يوحي بأنها محطة قطار. يوجد فقط بعض الأحجار المتنشرة هنا وهناك، جلبها أهل القرية ليجلسوا عليها أثناء انتظارهم للقطار.

بعد ساعة تقريبًا بدأ الناس يتوافدون تباعًا إلى موقف القطار. وأخيرًا لمح عامر عمّه من بعيد. وخلف المسافرين ركض الأطفال مثل قطيع من الأحصنة تجري في الغبار.

إنتظر عامر بفارغ الصبر وصول القطار وبدأ يفكر: «ربما تعطّل القطار على الطريق وسوف نؤجّل السفر لليوم التالي» أو «ربما لا يسافر القطار هذا اليوم». كان خائفًا أن تفوته هذه الفرصة الوحيدة. لأنه غير مؤكد فيما إذا عمه سيتزوج امرأة ثالثة ويأخذه معه من جديد إلى دمشق. وأجور السفر أيضًا عالية. وهو لا يستطيع ترك القطيع لوحده. هذه المرة سمح له أهل القرية بالسفر لأنها حالة خاصة وسيتركون أبقارهم في البيوت.

أقبل القطار يتلوّى منهمكًا فوق سكة الحديد. كان يزعق وينفث البخار في الهواء. دبت الحركة في الركاب المنتظرين. بدأ القطار يخفف من سرعته استعدادًا للوقوف، لكنه لم يتوقّف في المكان الذي يقف فيه الركاب، وإنما توقف بعيدًا عنهم، فركض الجميع خلفه يلعنون السائق، ثم صعدوا إليه وخلفهم عامر أيضًا.

تابع القطار سيره وبدأ الأولاد الموجودون هناك، في الموقف، برميه بالحجارة وتعالت الشتائم بين المسافرين، فشتموا الأطفال وأهلهم الذين يتركونهم هكذا بدون تربية

dort die halbnackten Frauen zu sehen!«

Sie brachen in schallendes Gelächter aus, denn sie wussten, dass sie ihn mit Frauen und Heiraten verletzen konnten. Er war fünfunddreißig Jahre alt und noch ledig. Sein Onkel, der ein Jahr älter war als er, würde bald die zweite Frau heiraten. Deshalb nahm er ihn mit, damit er ihm half, die Ausstattung für die Hochzeit zu kaufen.

Als Amer an der Zughaltestelle ankam, war er der Erste dort. Er setzte sich auf einen großen Stein und wartete ungeduldig auf seinen Onkel. Die Haltestelle bestand nur aus einem Schild, auf dem der Name des Dorfes stand. Kein Gebäude, kein Büro, nichts deutete auf eine Zugstation hin. Lediglich ein paar große Steine lagen herum; die Leute aus dem Dorf hatten sie dorthin gerollt, um darauf zu sitzen, während sie auf den Zug warteten.

Nach ungefähr einer Stunde kamen die Leute einer nach dem anderen langsam zur Haltestelle. Sein Onkel erschien schließlich auch. Hinter den Reisenden rannten die Kinder und wirbelten den Staub auf wie eine galoppierende Pferdeherde.

Amer wartete ungeduldig auf den Zug. »Vielleicht ist der Zug unterwegs liegengeblieben, und wir müssen die Reise auf morgen verschieben«, dachte er. »Vielleicht fährt der Zug heute überhaupt nicht.« Er hatte Angst, diese einmalige Gelegenheit zu verpassen, denn es war nicht gesagt, dass sein Onkel zum dritten Mal heiraten und ihn wieder nach Damaskus mitnehmen würde. Die Reisekosten waren hoch, und er konnte die Herde nicht allein lassen. Diesmal hatten die Leute im Dorf eine Ausnahme gemacht und ihm erlaubt, die Kühe im Hof zu lassen.

صالحة. أُصيب أحد الركاب بحجر في رأسه وسال الدم منه. فأعطاه عامر منديله ليعصب رأسه. وكان هذا الراكب ضابط شرطة فتوعد بإنزال عقوبة كبيرة بأهل هؤلاء الأولاد. فسأل أحد الركاب:

«لماذا يفعل هؤلاء الأولاد ذلك؟»

فردّ عليه أحد المسافرين من القرية:

«هذا ما يفعله الأولاد في كل مكان نمر عليه. في القرية القادمة سيكون الأمر أفضع».

ثم قال مسافر آخر:

«هذه مشكلة كبيرة لا نعرف كيف نحلها».

وبدأ مسافر من قرية أخرى في إيضاح الموضوع، فقال:

«هذه قصة قديمة. لقد ورث الأطفال هذه العادة عن آبائهم وأجدادهم، دون أن يعلموا ذلك. في الماضي كانت سكة الحديد تحت سيطرة الجيش الفرنسي المستعمر. كان الفرنسيون يستخدمونها لنقل جنودهم وكنّا نذهب إلى هناك ونرميهم بالحجارة. ومنذ ذلك الوقت أصبحت عادة، انتقلت من جيل لآخر».

لم يعطِ عامر لهذا الحديث أهمية. أسند رأسه إلى المقعد وأغلق عينيه، فهبت نسمة باردة دخلت من النافذة المكسورة.

***

Der Zug erschien in der Ferne; müde schlängelte er sich die Schienen entlang, pfiff und blies Dampf in die Luft. Die Wartenden gerieten in Bewegung. Der Zug drosselte seine Geschwindigkeit, hielt aber nicht dort, wo sie standen, sondern weit von ihnen entfernt. Sie rannten hinter ihm her und verwünschten den Zugführer; dann stiegen sie ein, unter ihnen auch Amer.

Der Zug fuhr an, und die zahlreichen Kinder, die an der Haltestelle zurückgeblieben waren, bewarfen ihn mit Steinen. Die Reisenden verfluchten die Kinder und deren Eltern, die sie nicht ordentlich erzogen hatten. Ein Reisender wurde von einem Stein am Kopf getroffen und blutete. Amer gab ihm sein Tuch, damit er sich den Kopf verbinden konnte. Der Reisende, ein Polizeioffizier, schwor, die Eltern dieser Kinder zu bestrafen.

»Warum machen die Kinder das?«, fragte jemand.

Ein Reisender aus einem anderen Dorf sagte:

»Das machen die Kinder überall auf dieser Strecke. Im nächsten Dorf wird es noch schlimmer.«

»Das ist ein Problem«, meinte ein dritter. »Man weiß nicht, wie man es lösen soll.«

»Das ist eine alte Geschichte«, erklärte der Reisende aus dem anderen Dorf, »die Kinder haben diese Angewohnheit von ihren Vätern und Großvätern übernommen, ohne es zu wissen. Die Eisenbahnlinie stand früher im Dienst der französischen Armee. Die Franzosen benutzten sie nur, um ihre Truppen zu transportieren. Wir gingen immer hin und bewarfen sie mit Steinen. Und seitdem ist das eine Gewohnheit geworden und

كان عامر راعي العجول الوحيد في القرية. هناك رعاة غنم كثيرون، لكن لا يوجد سوى راعي عجول واحد. وهكذا كانت الناس لا تناديه باسمه عامر وإنما «راعي العجول».

كان كل يوم يسوق القطيع إلى السهل ويتركه يرعى. يجلس على صخرة ويبدأ بالعزف على شبابته. فقد تعلم العزف لوحده وأصبح أحسن عازف شبابة في المنطقة. كان دائمًا وحيدًا، حتى عندما كان صغيرًا، كان يهيم في البراري والسهول ومعه شبابته. وبعد موت والديه عندما كان طفلاً أخذه عمه سعد واشتغل منذ البدء بالرعي. كان يمضي النهار مع البقر ونادرًا ما تلقاه يتحدث مع إنسان. بعض الأحيان يرقد وينام في ظل صخرة فتنام الأبقار حوله. كان واثقًا من أن الأبقار لا تخيّب ظنه، لا تبارح المكان بدون أوامره، فهو الراعي الوحيد الذي لا يملك كلبًا. كان يمقت الكلاب لنباحها وتعلقها بالشخص، بينما الأبقار لا تتدخل بشؤونه أبدًا ولا تقترب صوبه وعندما يعود إلى القرية يتخلص منها. لم يحصل مرة أن ذهب القطيع دون أوامره، والأوامر هي عبارة عن أصوات مختلفة ابتدعها هو، وتفهمها الأبقار ... كان يطلق عليها أسماء بشرية وينادي كل بقرة باسمها. كل حياته كانت للبقر والسهل والقرية.

von einer Generation auf die nächste übergegangen.«

Amer interessierte sich nicht für dieses Gespräch. Er lehnte seinen Kopf gegen den Sitz und schloss die Augen. Ein kühler Fahrtwind zog durch die zerbrochenen Fensterscheiben.

* * *

Amer war der einzige Kuhhirte im Dorf. Es gab viele Schafhirten, aber nur einen Kuhhirten, und so rief man Amer nicht bei seinem Namen, sondern einfach »Kuhhirte«.

Jeden Tag führte er seine Herde auf die Weiden und ließ sie dort grasen. Er setzte sich auf einen Felsen und spielte auf seiner Flöte. Das Flötespielen hatte er sich selbst beigebracht und doch war er der beste Flötist der Gegend geworden. Immer war er allein gewesen. Schon als Kind war er mit seiner Flöte durch die Steppen und Felder gelaufen. Seine Eltern waren gestorben; Saads Familie hatte ihn aufgenommen und ihn schon früh als Hirte arbeiten lassen.

Den ganzen Tag verbrachte er mit den Kühen. Selten traf man ihn mit einem Menschen. Manchmal schlief er im Schatten eines Felsens, und die Kühe schliefen um ihn herum. Er war sicher, dass die Kühe ihn nicht enttäuschen würden und ohne seinen Befehl den Platz verlassen. Er war der einzige Hirt, der keinen Hund hatte. Er mochte keine Hunde; sie störten ihn mit ihrem Bellen und ihrer Anhänglichkeit. Die Kühe dagegen mischten sich nicht in seine Angelegenheiten ein, traten ihm nicht zu nahe, und wenn er zum Dorf zurückkehrte, dann war er sie los. Nie gingen sie fort, ohne dass er ihnen den Befehl

في الصباح الباكر يجلس أمام غرفته يأكل قطعة خبز ويشرب كأس الحليب ويُدخّن سيجارته ثم يسوق الأبقار إلى المرعى ويعيدها بعد الظهر إلى مدخل القرية عند نبع الماء. فتروي عطشها، ثم تأتي النسوة يحملن السطول وكل واحدة تحلب بقرتها، وأثناء ذلك يعزف عامر على شبابته. بعض الرجال يبدأون بغناء أبيات الشعر، أحيانًا يبدأون بالمبارزة في الشعر، فكل واحد يجب أن يُغني رباعي على نفس النغم.

وعندما تنتهي النسوة من حلب الأبقار تلف كل واحدة منديلاً مبللاً بالماء على شكل دائرة كالحية وتضعه على رأسها ثم ترفع سطل الحليب الثقيل وتضعه على رأسها. وقبل الانصراف تربط كل واحدة طرف جلابيتها بالحزام فتبين سيقانهن. رغم الحمل الذي يحافظ على توازنه فوق رؤوسهن تراهن يمشين بخطوات رشيقة، يُحركن أياديهن بحرية وتتمايل أردافهن، هكذا يسرن خلف أبقارهن إلى البيت.

بقي عامر كل هذه الأعوام أعزبًا. لم يكن يملك شيئًا. لذلك لم يستطيع الزواج، لأن الزواج كان غاليًا جدًا. لا توجد عنده أخت ليقايضها بامرأة أخرى كما فعل عمه الذي عنده أختان. يدفع الناس له الأجرة على شكل حليب وجبن وحبوب وبعض الليرات ويصرف النقود في شراء الدخان والحلويات، وخاصة الحلويات. فهو مولع بأكلها. فهو يستطيع أن يأكل أكثر من كيلو في الوجبة الواحدة. منذ فترة تشارط مع بعض الرجال في القرية على أن يأكل خمسة كيلو حلويات مرة واحدة، ربح الشرط وشرب بعده لترين من الماء.

عندما كان شابًا ويعيش عند عمه، عشق ابنته وكان يأمل أن

dazu gab. Die Befehle waren verschiedene Laute, die er selbst erfunden hatte und die die Kühe verstanden. Allen Kühen gab er menschliche Namen und rief sie damit. Sein Leben, das waren die Weiden, das Dorf und die Kühe.

Früh am Morgen setzte er sich vor sein Zimmer, aß ein Stück Brot, trank ein Glas Milch und rauchte eine Zigarette. Dann zog er mit den Kühen los und brachte sie erst am späten Nachmittag zurück zum Eingang des Dorfes, wo es eine Wasserstelle gab. Dort löschten sie ihren Durst. Die Frauen kamen mit Eimern und begannen, ihre Kühe zu melken, während Amer auf seiner Flöte spielte. Einige Männer sangen dazu eigene Verse. Manchmal veranstalteten sie eine Art Wettbewerb, und jeder musste vier Zeilen zu derselben Melodie singen.

Wenn die Frauen mit dem Melken fertig waren, rollte jede ein nasses Tuch zu einer Schlange zusammen und legte es sich auf den Kopf. Dann hoben sie ihren schweren Milcheimer hoch und setzten ihn darauf. Bevor sie losgingen, befestigten sie einen Zipfel ihres langen Überwurfs in ihrem Gürtel, so dass die Beine zum Vorschein kamen. Trotz der Last, die sie auf dem Kopf balancierten, schritten sie elegant, bewegten die Hände frei und wiegten die Hüften. So folgten sie ihren Kühen nach Hause.

Amer blieb alle diese Jahre ledig. Er war besitzlos und konnte deshalb nicht heiraten, denn Heiraten war teuer. Er hatte auch keine Schwester, die er gegen eine andere Frau hätte eintauschen können, wie es sein Onkel, der zwei Schwestern besaß, gemacht hatte. Die Leute bezahlten Amer mit Milch, Käse, Getreide und einigen Lira. Das Geld gab er für Zigaretten

يتزوجها وعندما أصبح عمره أربعة عشرة عامًا مُنع من مقابلتها والتحدث إليها، وبعد عام تزوجت من رجل اختاره لها والدها، فخاب أمل عامر وغضب. فالمال كان هو الحاسم في هذه المسألة.

* * *

وصل القطار إلى دمشق عند الظهر. فنزل المسافرون منه وتوجهوا إلى مخرج المحطة التي كانت عالية. وكان هناك درجًا يوصل إلى الشارع. فسار عامر خلف عمه. وكان عمه قد قال له:

«يجب أن تبقى دائمًا خلفي وإلاّ فستضيع في الزحمة».

وعندما نظر عامر إلى الشارع الرئيسي من فوق أصابه الفزع، رأى طوفانًا من السيارات تسير كلها باتجاه واحد، لم يرَ في حياته هذه الكثافة من السيارات مرة واحدة، فنادى عمه:

«الناس ترحل من دمشق ونحن آتين إليها؟»

فطمأنه عمه:

und Süßigkeiten aus, vor allem für Süßigkeiten, die er liebend gerne aß: von den ganz süßen, klebrigen Kuchen konnte er ein Kilo auf einmal essen. Neulich hatte er mit einigen Männern aus dem Dorf gewettet, dass er fünf Kilo hintereinander essen könnte. Er schaffte es und gewann die Wette. Danach trank er zwei Liter Wasser.

Als er sehr jung war und noch bei Saad wohnte, verliebte er sich in seine Cousine und hoffte, sie später einmal zu heiraten. Als sie vierzehn Jahre alt war, durfte er jedoch nicht mehr mit ihr reden, und ein Jahr später heiratete sie einen Mann, den ihr Vater für sie ausgesucht hatte. Amer war enttäuscht und wütend, aber das Geld war entscheidend gewesen.

* * *

Am Mittag kam der Zug in Damaskus an. Alle Leute stiegen aus und bewegten sich auf den Ausgang zu, der hoch über der Straße lag. Eine Treppe führte zur Stadt hinab. Amer lief hinter seinem Onkel her; der hatte ihm gesagt:

»Du musst immer hinter mir bleiben, sonst gehst du im Gewühl verloren.«

Als Amer die Hauptstraße von oben erblickte, bekam er einen Schreck. Er sah eine Flut von Autos, die alle in dieselbe Richtung fuhren. In seinem ganzen Leben hatte er nicht so viele Autos auf einmal gesehen. Er rief seinem Onkel zu:

»Die Leute aus Damaskus reisen ab! Und wir kommen an?«

Sein Onkel beruhigte ihn und sagte:

«الناس لا ترحل، لقد أخبرتك مرارًا أن المدينة كبيرة جدًا، وعندما يريد الأنسان أن ينتقل من طرف إلى آخر يجب عليه السفر بالسيارة أو بالباص».

وصلا الشارع الرئيسي وسارا ضمن الزحام. خلبت لب عامر المحلات الكثيرة وخاصة أكشاك الحلوى والمطاعم وأعجبته المحاولات اللطيفة لإغراء الزبائن للدخول إليها:

«أهلاً وسهلاً، أهلاً وسهلاً، تفضل، جرّب بنفسك».

فقبل عامر العزيمة واعتبرها جديّة ودخل إحدى المطاعم وعمه لم يلاحظ ذلك، ولهذا تابع سيره. كان عامر يحلم بالحلويات الدمشقية دائمًا. بعضها يعرفها من حفلات الأعراس، لكنه رأى أنواعًا هنا كثيرة لم يجربها بعد. فطلب صحنًا كبيرًا وأكله بشهية ثم وقف يريد الخروج.

«إلى أين؟ يجب أن تدفع» نادى عليه النادل وأمسكه من ذراعه، لكن عامر صاح به:

«ألا تستحي! أترك ذراعي! كيف أدفع؟ أنت دعوتني! منذ متى يدفع الضيوف»؟

ثم دخل النادل الآخر فأمسكوا به وأخذوا النقود من جيبه بالقوة. ثم رموه خارج المطعم وصرخوا به:

«لا ترجع إلى هنا مرة أخرى أيها البدوي!»

ارتاع عامر من الأمر وهندم ثيابه وهز رأسه وتمتم:

«هؤلاء أهل المدينة، لا يعرفون الأدب ولا يحترمون الضيف».

فجأة لاحظ أنه أضاع عمه، ففتش عنه في كل الاتجاهات مناديًا «سعد، سعد» لكن دون جدوى، أصابه الدوران من

»Die Leute reisen nicht ab. Ich habe dir doch erzählt, dass die Stadt so groß ist, und wenn man von einem Ende zum anderen kommen will, dann muss man mit dem Auto oder mit dem Bus fahren.«

Als die beiden die Hauptstraße entlanggingen und sich durch das Gedränge zwängten, faszinierten Amer die vielen Geschäfte. Vor allem die Essstände und Restaurants, die ihre Kunden freundlich hereinzulocken versuchten, hatten es ihm angetan:

»Willkommen, willkommen, bedienen Sie sich! Hereinspaziert!«

Amer nahm die Einladung ernst und betrat ein Restaurant. Sein Onkel bemerkte das nicht und ging weiter. Schon immer hatte Amer von den damaszenischen Süßigkeiten geträumt. Einige kannte er bereits von Hochzeiten, aber hier sah er viele Sorten, die er noch nie probiert hatte. Er ließ einen Teller kommen und leerte ihn genüsslich. Er stand auf und wollte gehen.

»Wohin? Du musst noch zahlen!«, rief der Kellner und fasste ihn am Arm. Aber Amer schrie ihn an:

»Unverschämt! Lass meinen Arm los! Wie, zahlen? Du hast mich doch eingeladen! Seit wann zahlen denn die Gäste?«

Da mischte sich der zweite Kellner ein, und beide packten sie ihn und nahmen ihm das Geld mit Gewalt aus der Tasche. Dann warfen sie ihn aus dem Restaurant.

»Lass dich nicht noch einmal blicken, du Beduine!«, schrieen sie.

Amer war entsetzt, brachte seine Kleidung in Ordnung, schüttelte den Kopf und murmelte:

الزحام، إلى أين سيذهب الآن؟ في أي اتجاه؟ فسار في اتجاه السيارات وهو يسأل كل واحد يصادفه:

«هل رأيت صدفة عمي سعد؟»

كان البشر يهزون رؤوسهم نفيًا ويتابعون سيرهم. بالنسبة لعامر كانوا جميعًا بدون لطف وأشرارًا. فجأة لمح شخصًا كبير السن، ذا لحية بيضاء وقورة، ملامحه تبتسم فعجّل عامر في سيره حتى لحق به وسأله:

«احترامي سيدي الشيخ، هل رأيت صدفة بطريقك عمي سعد؟»

تعجب الشيخ وفكر بأن الرجل مجنون فطبطب له على كتفه وقال:

«الله يكون في عونك يا ابني»

ثم أدار وجهه وتابع سيره. فنرفز عامر وغضب ثم صاح فاقدًا الأمل عاليًا:

«ما هذه المدينة! حتى الشيوخ سيئون، الله يلعن هذه المدينة وأهلها».

ثم فكر، إلى أين سيذهب الآن، ثم أتته الفكرة أن لا يسأل عن عمه، وإنما عن بيت أبو رامي. لا أحد يعرف عمه هنا لكن أبو رامي يجب أن يعرفه الناس، فهو يعيش هنا منذ سنين:

«هل تعرفون أين يسكن أبو رامي؟»

سأل الناس حوله لكنهم كانوا يضحكون عليه بهزء ويقولون:

«إذهب من هنا، أيها المجنون! نستطيع أن ندلك على مستشفى المجانين».

ضاقت المدينة بعامر أكثر وأصبحت أكثر ارباكًا. لو بقي في

»Diese Stadtbewohner, nein, die haben wirklich kein Benehmen, keine Achtung vor dem Gast.«

Auf einmal bemerkte er, dass er seinen Onkel verloren hatte. Er schaute sich überall nach ihm um und rief: »Saad, Saad!« Aber vergebens! Ihn schwindelte von dem Gedränge. Wohin sollte er gehen? In welche Richtung? Er ging in die Richtung, in der die Autos fuhren, und fragte jeden, der ihm entgegenkam:

»Hast du zufällig meinen Onkel Saad getroffen?«

Die Leute schüttelten den Kopf, gingen weiter. Für Amer waren sie alle unfreundlich und böse. Plötzlich erblickte er einen alten Scheich, mit einem weißen, würdevollen Bart und einem freundlichen Gesicht. Amer eilte zu ihm und fragte:

»Verehrter Scheich, hast du zufällig meinen Onkel Saad getroffen?«

Der Scheich war erstaunt, dachte, der Mann sei verrückt und klopfte ihm auf den Rücken.

»Gott sei mit dir, mein Sohn«, sagte er, drehte sich um und ging weiter. Amer war wütend und zornig; verzweifelt schrie er so laut er konnte:

»Was ist das für eine Stadt! Auch die Scheichs sind schlecht! Fluch über diese Stadt und ihre Bewohner!«

Dann überlegte er, wohin er jetzt gehen könnte. Auf einmal fiel ihm ein, dass er nicht nach seinem Onkel fragen sollte, sondern nach dem Haus von Abu Rami, denn er wusste, dass er mit seinem Onkel bei Abu Rami übernachten würde. Seinen Onkel kannte niemand hier, aber Abu Rami mussten die Leute kennen, wohnte er doch seit vielen Jahren hier.

القرية، حيث يعرف كل السكان هناك. تراءت له البيوت الكثيرة والمآذن والضجيج والهواء الثقيل وكأنها ستبتلعه. أحس بصعوبة التنفس. بدأ جسمه يعرق فمسح العرق عن جبينه. فكان لونه أسود. الناس كلها هنا ترتدي قمصان نصف كم وبنطلون وهو يرتدي الجلابية والصدرية والجاكيت وغطاء الرأس. فهو يخاف دائمًا من الشمس التي يهابها أكثر من البرد.

من بعيد لمح فجأة مئذنة. فركض إلى هناك ودخل الجامع وصعد الدرج إلى أعلى المئذنة ووقف هناك حيث يقف المؤذن عادة ينادي على الصلاة. وبدأ يصيح بصوت عالٍ:

«يا ناس، يا سامعين الصوت، هل يعرف أحدًا منكم أين يسكن أبو رامي؟»

وبدأ يردد النداء مرارًا. فقام بنفس الشيء الذي يعمله عادة في القرية عندما يفقد أحد السكان دابة من دوابه. يصعد الرجل إلى سطح بيت أبو رعد وهو أعلى بيت في القرية وينادي بصوت عالٍ. وإذا كان أحد يعرف بالخبر يأتي إلى بيت أبو رعد ويعطي الجواب.

فتجمع الناس هنا في المدينة أمام الجامع. يصيحون على عامر أن يكف عن النداء وينزل إلى تحت. لكنه تابع صياحه حتى وصلت سيارة الشرطة وسيارة الإطفاء. وضعوا سلمهم الطويل وصعد إثنان منهم. أما رجال الشرطة فصعدوا من الدرج ثم أنزلوا عامر إلى تحت، فحاول المقاومة لأنه لم يفعل شيئًا. إنه مُحرّم أن ينادي أي إنسان من فوق المئذنة، عدا المؤذن، الذي يؤذن للصلاة. أخذته الشرطة معها إلى المخفر وأدخلوه إلى عند الضابط. أجلسه على كرسي وسأله عن اسمه وعن عنوانه فجاوبه

»Wisst ihr, wo Abu Rami wohnt?«, fragte er die Leute um sich herum. Die aber lachten ihn aus oder sagten sogar:

»Hau ab, du Verrückter! Wir können dir zeigen, wo das Irrenhaus liegt.«

Die Stadt wurde für Amer immer enger und verwirrender. Wäre er doch im Dorf geblieben, wo er alle Leute kannte und sie ihn! Die vielen Häuser und Minarette, der Lärm und die schwere Luft wollten ihn verschlingen und ersticken. Er hatte Mühe zu atmen und schwitzte. Er wischte sich den Schweiß von der Stirn, und der war schwarz. Die Leute hier trugen Hemd und Hose und er eine *Galabija*, eine Weste und eine Jacke darüber. Seinen Kopf bedeckte ein Tuch, denn er hatte immer Angst vor der Sonne, die er mehr fürchtete als die Kälte. Plötzlich erkannte er in der Ferne ein hohes Minarett. Er rannte dorthin, betrat die Moschee, stieg die Treppe des Minaretts hinauf und stellte sich dorthin, von wo der *Muezzin** gewöhnlich zum Gebet aufrief. Ganz laut rief er:

»He, ihr Leute, die ihr mich hört! Weiß jemand von euch, wo Abu Rami wohnt?«

Mehrmals wiederholte er seine Aufforderung; er machte es genauso wie man es in seinem Dorf tat, wenn nach jemandem gesucht wurde oder ein Tier verloren gegangen war. Immer stieg dann ein Mann auf das Dach des Hauses von Abu Raad, das das höchste im Dorf war, und rief laut. Wenn jemand etwas wusste, ging er zum Haus von Abu Raad und hinterließ dort eine Nachricht.

Hier in der Stadt versammelten sich jedoch die Menschen vor der Moschee und riefen, Amer solle aufhören und her-

عامر:

«اسمي عامر الريان، ابن سعيد الريان، من عشيرة الريان، لا يوجد عندي عنوان، وما هو العنوان؟»

حاول الضابط أن يوضح له ذلك:

«عنوان يعني أين تسكن».

«عندي غرفة في قرية شقرة». ردّ عليه عامر

«فقد أعطوني الناس هناك غرفة. في الماضي كنت أسكن في خيمة على طرف القرية. لا أحب أن أسكن عند عشيرتي. في القرية أعمل راعي عجول».

«هل عندك هوية؟»

سأله الضابط. عامر لم يجاوب. فهو لم يفهم السؤال. فكرر الضابط سؤاله فأخرج هويته وقال:

«هوية كهذه، لكن عليها صورتك».

«لم أتصور بعد في حياتي». قال عامر بعنف:

«هذا حرام، فستضيع روحي. في عمري لم أملك هوية، ولماذا الهوية، فأنا لا أستطيع القراءة والكتابة».

لم يكن عامر مسجلاً في دائرة النفوس ولهذا لم يؤدي الخدمة العسكرية. في الماضي كان يعيش في الوعر والآن يعيش في القرية. لم يزر في حياته أي مدرسة. كان مشغولاً بالقطيع، والقطيع ليس بحاجة إلى تسجيله في دائرة النفوس، فقد كان يعرف تمامًا عدد القطيع ومالك كل بقرة:

فهز الضابط رأسه بيأس، ورغم ذلك وجد القصة مسلية، فسأله:

«أين تسكن في دمشق؟ أين أنت نازل كضيف؟»

unterkommen. Der aber rief weiter, bis ein Polizeiwagen und die Feuerwehr anrückten. Eine lange Leiter wurde hochgedreht, und zwei Feuerwehrmänner kletterten hinauf. Die Polizisten stiegen die Treppe des Minaretts hoch. Dann brachten sie Amer nach unten. Der wehrte sich, weil er nichts getan hatte; es war jedoch verboten, von dort oben etwas auszurufen, außer der *Muezzin* rief zum Gebet. Die Polizisten nahmen Amer mit auf die Wache und brachten ihn zu einem Polizeioffizier. Der bot ihm einen Stuhl an und fragte ihn nach seinem Namen und seiner Adresse. Amer antwortete:

»Ich bin Amer al-Rayyan, Sohn von Said al-Rayyan vom Stamm Al-Rahbi. Ich habe keine Adresse. Was ist das überhaupt, eine Adresse?«

Der Offizier erklärte ihm:

»Adresse? Das heißt, wo du wohnst.«

»Ich habe ein Zimmer im Dorf Schagra«, entgegnete Amer. »Die Leute dort haben mir das Zimmer gegeben. Früher hatte ich ein Zelt am Rande des Dorfes. Ich wohne nicht gern bei meinem Stamm. Im Dorf bin ich Kuhhirt.«

»Hast du einen Ausweis dabei?«, fragte der Offizier. Amer antwortete nicht. Er hatte die Frage nicht verstanden. Der Offizier wiederholte die Frage und zeigte ihm seinen eigenen Ausweis:

»Ich meine einen Personalausweis wie diesen hier, aber mit deinem Foto.«

»Ich habe mich noch nie fotografieren lassen«, sagte Amer energisch. »Das ist *haram**. Dann geht meine Seele verloren. Ich habe in meinem Leben noch nie einen Ausweis besessen.

فضحك عامر وقال:

«لو كنت أعرف ذلك لما وجدتني عندك. عمي سعد يعرف أين سننام. عند أبو رامي. لقد سألت الناس عن بيت أبو رامي لكن لا أحد استطاع مساعدتي. الناس هنا ليسوا لطفاء. ربما تعرف أنت أين يسكن أبو رامي؟»

«يوجد آلاف أبو رامي هنا. هذه مدينة وليست قرية».

«طيب، لكنني أعرف كل أبناء العشيرة وأبناء القرية حتى الأطفال الصغار أعرفهم».

لم يستطع الضابط إخفاء ضحكته. ثم نادى على أحد أفراد الشرطة وقال له:

«خذه واحجزه حتى الصباح. واعطه شيئًا للأكل».

* * *

Wofür auch? Ich kann weder lesen noch schreiben.«

Er war gar nicht registriert und hatte daher auch keinen Militärdienst geleistet. Früher hatte er in der Steppe gelebt, und jetzt wohnte er in einem Dorf. Er war nie zur Schule gegangen, hatte immer nur mit seiner Herde zu tun gehabt. Und die musste man nicht registrieren. Er wusste genau, wie viel Kühe seine Herde hatte und wem die einzelnen Kühe gehörten.

Der Offizier schüttelte verzweifelt den Kopf. Aber er fand die Geschichte auch lustig und fragte:

»Wo wohnst du in Damaskus? Bei wem bist du hier zu Gast?«

Amer lachte und sagte:

»Wenn ich das wüsste, wäre ich jetzt nicht bei Ihnen. Mein Onkel Saad weiß, wo wir übernachten, nämlich bei Abu Rami. Ich habe die Leute überall nach dem Haus von Abu Rami gefragt, aber niemand hat mir geholfen. Die Leute hier sind gar nicht nett. Wissen Sie vielleicht, wo Abu Rami wohnt?«

»Es gibt hier bestimmt tausend Abu Ramis. Das hier ist eine Stadt und kein Dorf!«

»Ja, aber ich kenne alle Leute aus dem Stamm und aus dem Dorf, auch die kleinen Kinder.«

Der Offizier konnte sein Lachen nicht verbergen, rief einen Polizisten und sagte:

»Nimm ihn mit und sperre ihn bis morgen ein! Gib ihm auch etwas zu essen.«

* * *

في هذا الصباح كان الزقاق هادئًا جدًا. الناس كانوا جالسين في بيوتهم، يستمعون إلى الراديو، حيث تغني أم كلثوم. كل الإذاعات العربية كانت تبث أغنيتها الجديدة. حتى الشرطة كانت في هذه اللحظة مرتاحة، لا دوريات، لا مكالمات هاتفية، لا مداهمات، لأن اللصوص أيضًا يحبون أم كلثوم. تسمع الآهات في كل الاتجاهات، خصوصًا عندما تكرر هذه الجملة بصوتها المرتفع العالي حتى النشوة:

«أروح لمين؟» فتتشهق الناس وخاصة الشباب منهم من اللذة. كانت لذة جنسية غير ممنوعة عليهم.

صعدت إلى الغرفة في الأعلى وتمددت فوق السرير، لم أكن من عشاق أم كلثوم، لكنني كنت استرق السمع للصراخ والشهيق وللآهات الطويلة والعميقة، وفجأة سمعت جلبة وسلامات غير معتادة آتية من باحة الدار. فنزلت الدرج مسرعًا.

كان سعد غاضبًا ومنرفزًا إلى أقصى حد. كان يتكلم بسرعة. فانتفض كل أفراد العائلة ظنًا منهم أن شيئًا قد حدث في القرية وهو آتٍ الآن ليبلغنا الخبر.

«ما الخبر، يا سعد ماذا حدث؟» سأله والدي. «لم يحدث أي سوء، لقد أضعت هذا الأبله ابن أخي عامر في دمشق».

فتنفسنا الصعداء. فطلب والدي منه الجلوس وجلبت له كأس ماء، ثم قصّ علينا ما جرى:

«كنت أظن أنه يتبعني. لا يمكن أن أمسك يديه وأقوده. فهو ليس طفلاً. بالتأكيد أغرته محلات الحلويات الكثيرة. فأنا أعرفه، يحب الحلوى حتى الجنون».

كانت القصة بالنسبة لي غريبة، خاصة أن رجلاً كبيرًا يضيع

An diesem Donnerstagvormittag herrschte eine angenehme Ruhe in der Gasse. Die Leute saßen in ihren Häusern vor dem Radio und hörten *Umm Kalthum**. Alle arabischen Rundfunkanstalten sendeten ihr neues Konzert. Auch die Polizei hatte in dieser Stunde ihre Ruhe: keine Streifenwagen, keine Anrufe, keine Einsätze, denn auch die Ganoven liebten Umm Kalthum. Von allen Seiten hörte man die »Aahs«, wenn sie mit ihrer lauten, hohen Stimme bis zur Ekstase den Satz wiederholte: »Zu wem soll ich gehen?« Die Menschen, vor allem die Jugendlichen, stöhnten vor Schmerz und Genuss. Das war einmal ein erotischer Genuss, der ihnen nicht vorenthalten wurde.

Ich ging hinauf in das obere Zimmer und legte mich aufs Bett. Ich war kein Fan von Umm Kalthum, aber ich lauschte dem Schreien und Stöhnen, den langen »Aahs« und den tiefen »Aahs«. Plötzlich aber hörte ich eine ungewöhnliche Begrüßung unten im Hof und lief schnell die Treppe hinunter.

Saad war wütend und mit den Nerven am Ende. Er sprach hastig. Die ganze Familie erhob sich blitzschnell und dachte, im Dorf sei etwas passiert, und er käme, um uns Bescheid zu sagen.

»Was ist los, Saad? Was ist denn passiert?«, fragte mein Vater.

»Es ist nichts Schlimmes passiert. Ich habe diesen Dummkopf, meinen Neffen Amer, in Damaskus verloren.«

Wir atmeten erleichtert auf. Mein Vater bat Saad, sich hinzusetzen, und ich brachte ihm ein Glas Wasser. Dann erzählte er, was geschehen war:

»Ich dachte, dass er hinter mir herliefe. Ich kann ihn ja nicht

في دمشق. يحدث بعض الأحيان أن يتوه طفل من الحي، لكن أن يحدث هذا مع رجل؟ نادى والدي عليَّ:

«اذهب بسرعة إلى أبو حنا وقل له أني بحاجة إليه فورًا».

فركضت مسرعًا وأخبرت الناس بالطريق بما جرى. انتعل أبو حنا حذاءه بسرعة وسار معي إلى بيتنا.

«هل هاني في البيت أو بالشغل؟» سأله والدي.

«اليوم عنده كل النهار خدمة» قال أبو حنا،

«يعود في المساء. يجب أن نذهب إليه، من هناك يستطيع أن يتوصل إلى شيء أفضل من هنا».

كان الاقتراح بالنسبة لوالدي جيدًا. لأن هاني يعمل في قسم الشرطة وعنده معارف كثيرة.

إنتشر الخبر بلمح البصر في كل الزقاق. فامتلأ بيتنا فجأة بالرجال والنساء.

«عامر يا عامر، هذه أول مرة تترك القرية وتضيع» قالت والدتي.

وعندما خرج الرجال، قالت سلمى زوجة أبو أمين:

«من يعرف ربما أرسلت غولة أم فهد أصدقاءها الجن معه من أجل أن يتيه. يجب أن نأخذه إلى عند الشيخ عرنوس ليخلصه من هؤلاء العفاريت. منذ دخوله لأول مرة بيت أم فهد لم يعد يحالفه الحظ؛ حتى يستطيع أن يجد عروسًا».

«أتركينا من هذه الخرافات» صاحت فيها والدتي.

«الرجل ضاع في الزحام، يمكن أن يحدث ذلك مع كل واحد».

«لماذا يعيش دائمًا وحيدًا، في النهار مع البقر وفي المساء

an die Hand nehmen. Er ist doch kein Kind mehr. Bestimmt haben ihn die vielen Läden mit Süßigkeiten verlockt. Ich kenne ihn, er ist verrückt nach Süßigkeiten!«

Ich fand die Geschichte sehr komisch, vor allem, weil ein so großer Mann in der Stadt verloren ging. Es geschah manchmal, dass ein Kind aus dem Viertel sich verlief, aber ein erwachsener Mann? Mein Vater rief mich zu sich: »Geh schnell zu Abu Hanna und sag ihm, dass ich ihn sofort brauche!«

Ich rannte los; unterwegs erzählte ich den Leuten, was geschehen war. Abu Hanna zog nur schnell seine Schuhe an und ging mit mir zu unserem Haus.

»Ist Hani zu Hause oder bei der Arbeit?«, fragte ihn mein Vater.

»Heute hat er den ganzen Tag Dienst«, sagte Abu Hanna. »Er kommt erst gegen Abend zurück. Wir sollten zu ihm gehen; von dort kann er besser etwas erreichen.«

Mein Vater fand den Vorschlag sehr gut. Denn Hani arbeitete bei der Polizei und hatte viele Kontakte.

Die Nachricht verbreitete sich im Nu in der ganzen Gasse. Unser Haus war plötzlich voll mit Männern und Frauen.

»Armer Amer! Zum ersten Mal verläßt er das Dorf und schon geht er verloren!«, sagte meine Mutter.

Als die Männer gegangen waren, meinte Salma, die Frau von Abu Amin:

»Wer weiß, vielleicht hat die *Ghula** von Umm Fahid ihre Freunde, die *Dschinnen**, mit ihm geschickt, um ihn zu verwirren. Man muss ihn zu Scheich Arnus bringen, der kann ihn von diesen Geistern befreien. Seitdem er das Haus von Umm

لوحده؟ أنا أظن أنه يمضي المساء عند أم فهد مع الغولة وأصدقائها».

فغضبت والدتي وصاحت:

«لا أريد الحديث عن العفاريت في بيتي».

ثم رسمت إشارة الصليب وتمتمت بعض الصلوات. والدتي كانت امرأة مؤمنة ولا تعتقد بوجود جن وأرواح.

* * *

كان عامر الرجل الوحيد في القرية الذي تجرأ على دخول بيت أم فهد. فأهل القرية يتجنبون هذا البيت لاعتقادهم أنه تسكنه غولة. كان عامر يذهب كل يوم إلى هناك ليبيع أم فهد الحليب. بعض الناس تقول إن الغولة هي التي تعطي أم فهد النقود. فهي لا تعمل ولا تملك أراضي ولا حيوانات. وآخرون يقولون العكس، إن ابنها الوحيد فهد الذي غادر القرية منذ عشرين عامًا، يرسل لها نقودًا. لا أحد يعرف إلى أين سافر. ترك القرية بعد أن هربت زوجته مع أحد المنقبين عن الكنوز. من هذه الزوجة عنده ابنة تعيش اليوم مع جدتها أم فهد. أمينة كانت

Fahid betreten hat, hat er kein Glück mehr, nicht einmal eine Braut findet er.«

»Hör auf mit diesem Blödsinn!«, rief meine Mutter. »Der Mann ist im Gedränge verloren gegangen. Jedem kann so etwas passieren.«

»Warum ist er dann aber immer allein, tagsüber mit den Kühen und abends ganz allein? Ich glaube, er verbringt den Abend bei Umm Fahid mit der *Ghula* und ihren Freunden.«

Meine Mutter wurde zornig:

»Ich möchte nicht, dass man in meinem Haus von Geistern redet.«

Sie bekreuzigte sich und murmelte eine religiöse Formel, denn meine Mutter war sehr gläubig und lehnte die Existenz von Dschinnen und Geistern ab.

* * *

Amer war der einzige im Dorf, der es wagte, das Haus von Umm Fahid zu betreten. Die Dorfleute mieden dieses Haus, weil sie glaubten, dass dort eine *Ghula* lebte. Amer aber ging jeden Tag dorthin, um Umm Fahid Milch zu verkaufen. Manche Leute erzählten, dass die *Ghula* Umm Fahid das Geld dafür gebe. Denn sie arbeitete nicht und besaß weder Land noch Tiere. Andere Leute erzählten dagegen, dass ihr einziger Sohn Fahid, der vor zwanzig Jahren das Dorf verlassen hatte, ihr Geld schickte. Niemand wusste, wohin er ausgewandert war. Er war gegangen, nachdem seine Frau ihn mit einem Schatzsucher verlassen hatte. Von ihr hatte er eine Tochter, die

فتاة جميلة لكن لا أحد يتقدم للزواج منها لخوفهم من الغولة. في المدرسة كانت معزولة عن الآخرين، كان التلاميذ يتفادون الاحتكاك بها، فلا أحد يجلس جانبها، في بعض الأحيان، تحكي أمينة بأن جدتها تتحدّث ليلاً مع شخص ما. لكنها لم ترَ شيئًا غير عادي. أمّا عامر يحلف أنه لحد اليوم لم يلاحظ أشياء غير عادية هناك. في القرية لا أحد يصدقه فكانوا يقولون:

«بالتأكيد وعدته أم فهد بشيء لهذا لا يقول الحقيقة».

كانت الناس تخاف وتعتقد أن أم فهد ليست أم فهد الحقيقية وإنما الغولة متلبسة جسم أم فهد.

لا تغادر أم فهد بيتها إلّا نادرًا لأنها تهاب النظرات. تذهب إلى المقبرة مرّة في السنة لزيارة قبر زوجها الذي توفي شابًا، عندما كانت حبلى بابنها فهد. الناس تظن أن الغولة هي التي قتلته.

* * *

عندما عاد والدي مع سعد وعامر كان الظلام قد حل. جلس عامر على الصوفة جانب النافذة مطأطئ الرأس. كان خجولاً والعرق يتصبب من جبينه على عينيه. جلبت له كأس ماء بارد بسرعة من البراد. وجلست إلى جانبه وكلي فضول، أريد أن أسمع ماذا سيقول.

heute bei ihrer Großmutter Umm Fahid lebte. Amina war ein schönes Mädchen, aber niemand wagte es, ihr einen Heiratsantrag zu machen, aus Angst vor der *Ghula*. In der Schule war sie isoliert; kein Kind traute sich, neben ihr zu sitzen. Manchmal erzählte Amina, dass ihre Oma nachts mit jemandem sprach; sie habe jedoch nie etwas Ungewöhnliches gesehen. Amer schwor dagegen, dass er bis zum heutigen Tage nichts Unnormales bemerkt habe. Im Dorf glaubte ihm jedoch niemand; sie sagten:

»Umm Fahid hat ihm bestimmt etwas versprochen. Deshalb schweigt er.«

Die Leute fürchteten sich, glaubten sie doch, dass Umm Fahid womöglich gar nicht mehr sie selbst sei, sondern dass die *Ghula* in ihrem Körper wohnte.

Umm Fahid verließ ihr Haus kaum, weil sie der Blicke überdrüssig war. Einmal im Jahr ging sie jedoch auf den Friedhof zum Grab ihres Mannes, der ganz jung gestorben war, als sie noch mit Fahid schwanger ging. Man vermutete, dass die *Ghula* ihn umgebracht hatte.

* * *

Es war dunkel, als mein Vater und Saad mit Amer ankamen. Amer setzte sich auf das Sofa neben dem Fenster, den Blick nach unten gerichtet. Er schämte sich, und der Schweiß lief ihm die Stirn hinunter bis über die Augen. Ich brachte ihm schnell ein Glas kaltes Wasser aus dem Kühlschrank und setzte mich neben ihn, neugierig, was er erzählen würde.

الفصل السادس
حيث نتعرف على سعدية المرأة الذكية المليئة بالأسرار

كانت سعدية امرأة مليئة بالأسرار. لا أحد يعرف أصلها. ما يعرفه
الناس أنها كانت تعيش في الماضي في لبنان وتعمل كخادمة عند
عائلة غنية. فنحن لا نعرف بالضبط هل كانت متزوجة أم لا، هل
يوجد عندها أبنا أو أقرباء. لا أحد في الزقاق يتجرأ على سؤالها.
الكل يتعامل معها بلطف ويتجنبون الصراع معها. يُشيع بعض
الخُبثاء أنها يمكن أن تكون غولة، تعيش في النهار كباقي الناس
وفي الليل تتحول إلى عفريت لتقضي الليل كله مع العفاريت
الآخرين. في البداية كنت أعتقد بذلك، لأنها في الصباح تكون
مُنهكة وعيناها حمر، فقلت لوالدتي مرة:

«بالتأكيد قضت كل الليل مع العفاريت لذلك لم تنم».

فردت عليَّ والدتي:

«يا ابني، يجب عليك أن لا تؤمن بهذه الخرافات، ربما
كانت تبكي طوال الليل، فهي وحيدة لا تستطيع التحدث مع
أحد. ومن يعلم كم من الهموم عندها».

بعض الأحيان تسألها أمي لماذا عيونك حمراء، فتجاوبها
سعدية:

«لا أستطيع النوم، هذا بسبب كبر السن».

Sechstes Kapitel,
in dem Saadia als kluge, geheimnisvolle Frau
vorgestellt wird

Saadia war eine Frau voller Geheimnisse. Niemand wusste, woher sie stammte. Es war nur bekannt, dass sie früher im Libanon gelebt und dort bei einer reichen Familie als Hausmädchen gearbeitet hatte. Wir wussten nicht, ob sie verheiratet war, ob sie Kinder hatte oder Verwandte. Niemand in der Gasse wagte, ihr solche Fragen zu stellen. Alle waren freundlich zu ihr und vermieden Streitigkeiten. Böse Zungen meinten, sie sei womöglich eine *Ghula**, lebe tagsüber wie andere Menschen und verwandle sich abends in einen Geist, um die Nacht mit anderen Geistern zu verbringen. Anfangs glaubte ich so etwas, weil ich Saadia am Morgen öfter müde und mit roten Augen sah. Ich sagte zu meiner Mutter:
»Sicher hat sie die ganze Nacht mit ihren Geistern verbracht und nicht geschlafen.«

Meine Mutter meinte:

»Mein Kind, an solchen Blödsinn musst du nicht glauben. Vielleicht hat sie in der Nacht geweint. Sie ist schließlich allein, kann mit niemandem reden, und wer weiß, was für einen Kummer sie hat.«

Manchmal fragte meine Mutter sie, warum sie so gerötete

تسكن سعدية لوحدها في بيت مؤلف من أربع غرف. كانت ترفض دائمًا تأجير غرفة أو غرفتين وهذا رغم أنها لا تستعمل سوى غرفتين. اشترت البيت بالنقود التي ادخرتها أثناء عملها في لبنان. بعض الناس يتهمونها أنها حصلت على النقود من عملها في الدعارة. لكنها كانت تدافع عن نفسها ضد هذه الاتهامات، أما الأخرون فيعتقدون أنها في العشرين سنة الماضية كانت تعمل عند زوجين غنيين، لا يوجد عندهم أولاد. وعندما غادر الزوجان لبنان إلى أوروبا دون عودة عرضا عليها الذهاب معهم إلى أوروبا أو أن تقبل بتعويض عن أتعابها. فقبلت بالنقود واشترت هذا البيت ومن باقي النقود تعيش الآن.

«أنتِ مجنونة يا سعدية» قالت لها أمي مرة.

«لماذا لم تذهبي معهم إلى أوروبا؟ أليس أفضل لك من أن تعيشي في هذا الزقاق؟»

فجاوبتها سعدية:

«أنا لم أعد شابة. لا أريد أن أموت في الخارج».

كان الناس يحبون جلساتها، خاصة الرجال، في كل البيوت كان مُرحّب بها، فهي جريئة ولا تخجل من أن تشتم تحت الزنار، فهي الوحيدة التي يهابها أبو حنا وفي حضورها يبقى صامتًا. لا أحد يعرف لماذا. وهي تتعامل معه بكل حذر. لم تزره مرة في البيت أو تحضر إحدى جلساته. فالناس تقول إن أبو حنا حاول مرة في الليل أن يذهب إلى عندها. فضربته على شاربه الذي يعتز به بالحذاء وحذرته، في المرة الثانية، ستخبر أهل الزقاق عنه. لكنني أعتقد أن أبو حنا يهاب لسانها السليط. كانت تُدخن النرجيلة كالرجال. وكذلك تُحضّر مثلهم القهوة المرّة

Augen habe, ob sie geweint habe. Dann antwortete Saadia:

»Nein, ich kann nicht gut schlafen. Das ist das Alter.«

Saadia wohnte allein in einem Haus mit vier Zimmern. Immer hatte sie es abgelehnt, ein oder zwei Zimmer zu vermieten, obwohl sie nur zwei Zimmer benutzte. Sie hatte das Haus von dem Geld, das sie durch ihre Arbeit im Libanon sparen konnte, gekauft. Manche Leute behaupteten, sie sei nur zu Geld gekommen, weil sie dort als Prostituierte gearbeitet habe. Sie wehrte sich gegen solche Vorwürfe. Andere Leute glaubten indessen zu wissen, dass sie in den letzten zwanzig Jahren bei einem sehr reichen, kinderlosen Ehepaar Dienst getan hatte. Als das Ehepaar für immer nach Europa ging, bot es Saadia an, entweder mit nach Europa zu kommen oder als Entschädigung Geld anzunehmen, damit ihr Unterhalt gesichert sei. Sie entschied sich für das Geld und kaufte das Haus. Von dem Rest konnte sie weiterhin leben.

»Du bist verrückt, Saadia«, hatte meine Mutter zu ihr gesagt. »Warum bist du nicht mit nach Europa gegangen? Das wäre doch besser für dich gewesen als hier in dieser Gasse zu leben.«

Sie hatte geantwortet:

»Ich bin nicht mehr jung. Ich wollte nicht im Ausland sterben.«

Die Menschen liebten ihre Gesellschaft, vor allem die Männer, und sie war in jedem Haus willkommen. Sie besaß Mut und schämte sich nicht, auch Schläge unter die Gürtellinie zu verteilen. Sie war die einzige, vor der Abu Hanna sich fürchtete und vor der er den Mund hielt. Niemand wusste, warum. Sie

وتدعو الرجال والنساء إلى بيتها. على الرغم من أن في بيتها لا يوجد رجال؛ لكن في الليل لا تستقبل أحدًا، رجلاً أو امرأة. وفي المساء لا تذهب إلى أي مكان. دائمًا كانت تعتذر لأن نظرها أصبح ضعيفًا وعندما يحل الظلام تغلق باب بيتها وتقفله وتذهب إلى الفراش. لم تكن تحب جلسات النساء. بعض الأحيان كانت المرأة الوحيدة في الزقاق التي تجلس مع الرجال الذين يحبون الجلوس معها. فهي حاضرة اللهجة ورغم كبر سنها كانت تبدو جميلة، كل رجل كان يحاول أن يحصل منها على كلمة جميلة أو رمشة عين. النساء كنّ يتعجبن من جرأتها ويحسدونها ويغرن منها. كم من مرة حصل خلاف ما بين الأزواج بسببها.

الفضل يعود إلى سعدية، لأنه بدونها لا وجود للماء الآن في بيوت الحي. في البداية لم تصل سوى الكهرباء إلى البيوت وكان الأهالي يجلبون الماء بالبراميل من إحدى الحنفيات العامة الموجودة في طرف الحي، أكثر الأحيان يستعملون الدراجة في نقلها. كانت السلطة الإدارية ترفض مدّ المياه إلى بيوت الحي، لأن هذا الحي بُني دون رُخص إعمار، أي بطريقة عشوائية. مضت أربع سنوات وهم يحاولون الوصول إلى نتيجة، لكن دون فائدة. في يوم من الأيام اقترحت عليهم سعدية توصيل المياه من الخط الرئيسي الذي يمر من جانب الحي. الفكرة أعجبت الناس كثيرًا فاشتروا أنابيب المياه ومدوها إلى كل البيوت وعندما كانت البيوت جاهزة أوصلوا الشبكة بالأنبوب الرئيسي للمياه، وهكذا جرت المياه في كل الأنابيب المنتشرة في البيوت.

في اليوم التالي أرسلت السلطات مجموعة من الشرطة من

vermied auch jegliche Streitigkeit mit ihm und behandelte ihn sehr vorsichtig. Nie war sie bei ihm im Haus oder nahm an seiner Unterhaltung teil. Die Leute erzählten, Abu Hanna habe einmal versucht, nachts zu ihr zu kommen; sie habe ihn mit dem Schuh auf seinen stolzen Schnurrbart geschlagen und ihn gewarnt, beim nächsten Mal allen Leuten im Viertel davon zu erzählen.

Ich glaube, dass Abu Hanna einfach ihre scharfe Zunge fürchtete. Sie rauchte Wasserpfeife wie die Männer, bereitete wie sie den starken Kaffee und lud die Männer und Frauen zu sich ein, obwohl sie keinen Mann zu Hause hatte. Aber nachts empfing sie niemanden, weder Mann noch Frau. Sie ging auch abends nirgendwohin; immer entschuldigte sie sich, dass ihre Augen schlecht seien und sie in der Nacht nicht mehr gut sehen könne. Bei Anbruch der Dunkelheit schloss sie die Haustür ab, verriegelte sie und ging zu Bett. Frauengesellschaften mochte sie nicht. Als einzige Frau der Gasse saß sie manchmal in der Männerrunde, und die Männer mochten es, wenn sie unter ihnen weilte, denn sie war schlagfertig und sah trotz ihres Alters sehr gut aus. Sie hatte eine vergnügliche, anziehende Art, mit Männern umzugehen. Jeder Mann war bemüht, ein schönes Wort oder ein Augenzwinkern von ihr zu bekommen. Die Frauen staunten über ihren Mut, beneideten sie und waren eifersüchtig. Wie oft entbrannte ihretwegen ein Streit zwischen Ehepartnern!

Dass es bald fließendes Wasser im Viertel gab, verdankten die Bewohner Saadia. Anfangs hatten die Leute nur elektrischen Strom und mussten das Wasser in großen Kanistern von

أجل معرفة من الذي خطط ونفذ هذا العمل. فالرجال كانوا إما في العمل أو من باب الاحتراز مختفين، فخرجن النساء يشتمن الموظفين:

«ألا تستحون؟ ألا توجد نساء وأمهات يحتجن للماء، من أجل الطبخ والغسيل؟ اذهبوا إلى بيوتكم أفضل لكم! ألا يوجد عندكم ما تفعلوه أفضل من هذا؟»

فتراجعت الشرطة، لأن لا أحد منهم تجرأ على مس امرأة لكنهم لم يذهبوا، وإنما بقوا في مكانهم. فنادت سعدية على النساء وقالت:

«اتركوهم لي! سترون كيف سيهرولون!»

ثم خلعت ملابسها وركضت عارية باتجاه الشرطة وعندما شاهد الرجال امرأة عارية أداروا وجوههم وهربوا.

كانت سعدية امرأة طويلة ممتلئة، وجهها واسع وعيونها سوداء ذات تعابير، رغم كبر سنها كانت تبدو شابة. لا تجاريها أي امرأة في الزقاق بقوة ذكائها وقدرتها وكذلك بمرحها. كانت تعتني بجسمها وبمنظرها. وكانت دائمًا أنيقة في لباسها، تمشط شعرها باتقان وتستعمل المكياج ثم تلبس العقد والأساور المصنوعة من الذهب والأحجار الكريمة. في بعض الأحيان كانت تظهر ببهاء كالأميرة، وتستعمل عطرًا له رائحة لذيذة كنتُ أحبه كثيرًا. الكثير من الرجال حاولوا مغازلتها وبعض الأرامل وغير المتزوجين أو كبيرو السن عرضوا عليها الزواج، لكنها رفضت كل هذه الطلبات وقالت:

«لماذا أتزوج؟ حتى أخدم رجلاً ثم يأخذ كل أملاكي؟ لم أعد شابة حتى ألد طفلاً ومن ثم لا أستطيع العيش مع رجل».

einem öffentlichen Trinkwasserhahn holen, der am Rande des benachbarten Viertels lag. Meist benutzten sie dazu das Fahrrad. Die Behörden verweigerten unserem Viertel nämlich den Wasseranschluss, da es ohne Genehmigung wild gewachsen war. Vier Jahre lang bemühten sich die Bewohner vergeblich, etwas zu erreichen. Daher schlug Saadia eines Tages vor, die in der Nähe des Viertels vorbeiführenden Wasserleitungen heimlich anzuzapfen. Die Leute fanden die Idee gut; sie kauften Wasserrohre und verlegten sie in die Häuser. Als alle Häuser an das Netz angeschlossen waren, verbanden sie es mit der Hauptleitung, so dass bald überall das Trinkwasser floss.

Am nächsten Tag schickten die Behörden jedoch eine Mannschaft Polizisten, um herauszufinden, wer die Aktion organisiert und durchgeführt hatte. Die Männer waren entweder bei der Arbeit oder vorsichtshalber verschwunden. Die Frauen kamen aus den Häusern und beschimpften die Beamten lautstark:

»Schämt ihr euch nicht? Habt ihr keine Mütter und Frauen, die Wasser zum Kochen und Waschen brauchen? Geht nach Hause! Oder habt ihr nichts Besseres zu tun?«

Die Polizisten hielten sich zurück, denn kein Polizist würde es wagen, eine Frau öffentlich auch nur zu berühren; aber sie gingen nicht weg, sondern blieben dort stehen. Da rief Saadia die Frauen zu sich und sagte:

»Lasst mich das machen! Ihr werdet sehen, wie sie weglaufen!«

Sie zog ihr Kleid aus und lief nackt auf die Polizisten zu. Als die Männer die nackte Frau sahen, drehten sie sich um und

كثير من الشبان الذين هم في سن الزواج كانوا يأتون إليها، فهي تعرف كل سكان الحي وتعرف بشكل خاص أين توجد البنات. هذه المعلومات كانت تجمعها من النساء. عن طريقها يحصل الشاب على معلومات حول البنت التي يريد أن يتزوجها وعندما يجد الفتاة صالحة له تتكلم في البداية معها حول الموضوع وهذا تسميه «جس النبض». فقد كانت عبارة عن واسطة زواج. وهذا يناسبها لأنها تتكلم كثيرًا وتعرف كل شيء عن أهم الأحداث في الحي ومحبوبة عند الفتيات. وعندما لا يعرف الشاب والشابة بعضهم، تنصحهم أن يعشقوا بعضهم في البداية قبل أن يتزوجوا. وعندما تنجح الوساطة تأخذ لقاء عملها بعض النقود، لكنها تعتبر عملها هذا عمل خير ولا تطلب سوى أن يعزموها على العرس.

كان الرجال يخافون لسانها السليط، لذلك لم يتجرأ أي رجل على دخول بيتها دون موافقتها وعندما يزورها رجل تفتح كل النوافذ المؤدية إلى الشارع وباب البيت ليشاهدها كل شخص في الزقاق، وبهذا لا يبقى أي مجال لأحد لإطلاق الشائعات حولها.

كانت سعدية جارة لنا، بيتها جانب بيتنا، والبيوت بنيت بجوار بعضها بحيث أن السطوح متلاصقة مع بعضها وهكذا يستطيع الإنسان الانتقال من بيت إلى آخر عبر السطوح. بعض الأحيان عندما نكون عائدين من إحدى الزيارات ولا يوجد مع والدي مفتاح نرسل أخي الصغير إلى بيت سعدية فيصعد إلى السطح ومنه إلى سطح بيتنا وينزل إلى تحت ويفتح الباب. حتى القطط الكثيرة المنتشرة في حيِّنا والتي لا تخص أحد،

rannten davon.

Saadia war eine stattliche, füllige Frau mit einem großen Gesicht und ausdrucksvollen schwarzen Augen. Trotz ihres Alters schien sie sehr jung. Mit ihrer Klugheit, ihrer Schlagfertigkeit und ihrem Sinn für Humor stellte sie alle Frauen in der Gasse weit in den Schatten. Sie pflegte ihren Körper und ihr Aussehen, war immer elegant und schick gekleidet; sie kämmte ihre Haare sorgfältig, legte immer ein Make-up auf und trug gern Ketten und Armreifen aus Gold und Edelsteinen. Manchmal sah sie prachtvoll aus, wie eine Prinzessin. Sie benutzte ein Parfüm, das einen angenehmen Duft verbreitete und das ich sehr gern mochte. Viele Männer versuchten, mit ihr zu flirten; unverheiratete, verwitwete oder alte Männer machten ihr Heiratsanträge. Sie lehnte alle Angebote ab und sagte:

»Warum sollte ich heiraten? Damit ich einem Mann diene und er mir mein Vermögen wegnimmt? Ich bin nicht mehr jung genug, um noch ein Kind auf die Welt zu bringen. Außerdem kann man mit Männern nicht eng zusammenleben.«

Viele junge Männer im heiratsfähigen Alter kamen zu ihr. Sie kannte jeden Bewohner des Viertels und wusste vor allem, wo es noch Mädchen gab; diese Informationen sammelte sie bei den anderen Frauen. Die jungen Männer erkundigten sich also bei ihr nach dem Mädchen, das sie heiraten wollten, und wenn Saadia das Mädchen geeignet fand, dann redete sie zunächst heimlich mit ihm. Sie nannte das »den Puls testen«. So war sie eine Art Heiratsvermittlerin, und das passte gut zu ihr, weil sie recht geschwätzig war, über alle wichtigen Ereig-

تنتقل بسهولة بين البيوت. في الليل تتسلل إلى المطابخ وتلتهم كل شيء تستطيع إيجاده. فأبواب المطابخ تبقى بسبب الحر مفتوحة باتجاه أرض الدار.

* * *

nisse des Viertels Bescheid wusste und bei den Mädchen beliebt war. Kannten sich der Junge und das Mädchen nicht, meinte sie, dass die beiden sich erst einmal verlieben müssten, bevor eine Ehe infrage käme. Wenn eine Heiratsvermittlung gelang, nahm sie für ihre Dienste kein Geld. Sie betrachtete dies als gute Tat und verlangte nur, dass man sie zur Hochzeit einlud.

Die Männer fürchteten ihre scharfe Zunge. Deshalb wagte kein Mann, unerlaubt ihr Haus zu betreten. War ein Mann bei ihr zu Besuch, öffnete sie die Haustür und alle Fenster zur Straße, damit jeder in der Gasse es sehen und niemand Gerüchte in die Welt setzen konnte.

Saadia war unsere direkte Nachbarin; ihr Haus lag neben unserem Haus. Die Häuser waren so eng zusammengebaut, dass ihre Dächer aneinander stießen. So konnte man über das Dach von einem Haus zum anderen gelangen. Manchmal kam es vor, dass wir von einem Besuch zurückkehrten und meine Eltern keinen Hausschlüssel dabeihalten. Dann schickten sie meinen kleinen Bruder zu Saadia, um von ihrem Haus über das Dach in unser Haus einzusteigen und die Tür von innen zu öffnen.

Auch die zahlreichen Katzen, die in unserem Viertel lebten und niemandem gehörten, konnten dadurch leichter von Haus zu Haus wandern. Sie waren überall heimisch. Nachts schlichen sie sich in die Küchen und fraßen, was sie finden konnten, denn die Küchentüren waren der Hitze wegen zum Innenhof geöffnet.

* * *

أتتني مرة فكرة شيطانية، فسرت ببطء وهدوء على سطح بيت سعدية وتمددت على بطني ونظرت من فوق إلى أرض دارها. في المقابل كانت غرفة نومها، حيث الباب والنوافذ مفتوحة باتجاه الدار، وكانت الدهشة عندما رأيت سعدية واقفة أمام المرآة الكبيرة عارية من الرأس إلى القدمين. نهداها كبيران يتدليان ويرقصان على صدرها حين تتحرك وشعرها الطويل كان مسبولاً خلفها ويغطي مؤخرتها.

دهشتي ازدادت عندما لاحظت عدم وجود شعر بين فخذيها. فبدأت أفكر لماذا. وخاصة أني أعرف أن للرجال وللنساء شعر كثيف بين الفخذين، مثل الأدغال. وهذا ما شاهدته عند أبي وأمي، ومعلم درس الأحياء كان قد وضح لنا ذلك. في الماضي كنت أراقب النساء عندما يجتمعن عند أمي وخاصة في بداية الصيف. فيصنعن خليطة من السكر والحامض على شكل مادة لزجة، ويدلكن المادة على الساق فتلتزق بالشعر، وينزعن هذه المادة بسرعة عن الساق ومعها الشعر.

عندما كنت صغيرًا كانت أمي تسمح لي بالبقاء مع النساء وكنت أحصل على قطعة صغيرة من الخليط لآكلها، قبل استعمالها. كان شيئًا طيبًا له طعم كطعم البونبون. من بعد لم تعد والدتي تدعو النساء لأنه أصبح عندها صبيان شباب. وهكذا كنّ يجتمعن عند امرأة أخرى.

فجأة تجلى لي بوضوح لماذا لم تكن سعدية بين النساء. فهي تنزع الشعر بطريقتها الخاصة. لكنني لا أتذكر أني شاهدت النساء ينتزعن الشعر من بين الفخذين. من الممكن أن سعدية تقوم بذلك في الحمام. فهي المرأة الوحيدة في الزقاق التي

Einmal hatte ich eine teuflische Idee. Ich lief ganz langsam und leise auf das Dach von Saadia, legte mich auf den Bauch und schaute von oben in den Hof. Gegenüber lag ihr Schlafzimmer, die Tür und die beiden Fenster zum Hof waren geöffnet. Voller Erstaunen sah ich Saadia vor dem großen Spiegel nackt von Kopf bis Fuß. Ihr großer Busen hing herab und tanzte hin und her, wenn sie sich bewegte. Das lange Haar fiel offen über ihren Rücken und bedeckte ihren Hintern.

Meine Verwunderung wuchs, als ich sah, dass sie keine Haare zwischen den Beinen hatte. Ich überlegte, warum, wusste ich doch, dass Männern und Frauen viele Haare zwischen den Beinen wachsen, ein ganzes Gebüsch. Das hatte ich bei meinem Vater und meiner Mutter gesehen, und der Biologielehrer hatte es uns auch erklärt. Früher konnte ich manchmal beobachten, wie die Frauen sich bei meiner Mutter versammelten, vor allem in der warmen Jahreszeit, und eine Masse aus Zucker und Zitrone bereiteten. Die rollten sie auf ihren Beinen aus, wo sie ganz fest klebte. Dann entfernten sie sie mit einem Ruck und rissen sich dadurch die Beinhaare aus.

Als wir noch kleine Kinder waren, durften wir dabei sein und bekamen etwas von der Masse zum Naschen, bevor sie verwendet wurde. Sie schmeckte sehr gut, wie Bonbons. Später lud meine Mutter die Frauen nicht mehr zu sich ein, weil sie jetzt große Jungen hatte. Sie gingen nun zu einer anderen Frau.

Plötzlich wurde mir klar, warum Saadia nie unter ihnen war. Sie machte es auf ihre eigene Weise. Ich konnte mich allerdings nicht daran erinnern, dass die Frauen sich damals auch

تذهب مرة كل شهر إلى حمام السوق، وربما تحلق شعر عانتها هناك.

فجأة أدارت وجهها تجاهي فشهقت مذعورًا وجريت مهرولاً إلى الأسفل، فاعتقدت أنها رأتني في المرآة. فدخلت الغرفة مسرعًا وأغلقت الباب خلفي. كانت أمي في المطبخ ولم تُلاحظ شيئًا. لكنني كنت أرتجف من الخوف من أن سعدية ستخبر أمي بما جرى.

«الله سينجيني. سأعاقب أكبر عقاب لو عرفت أمي بذلك» كنت أفكر طول الوقت فأنا أعرف أن هذه الأشياء ليست للأطفال، حتى الكلام عنها غير مسموح به.

وغفوت في الصالون على الصوفة من الجهد والخوف. كان نادرًا أن أنام في النهار. ثم استيقظت عندما كانت أمي تلمس وجهي بيدها وتقول:

«استيقظ يا ولدي، لقد نمت طويلاً، أصبح الوقت متأخرًا وأبوك أتى من العمل. نستطيع الآن تناول الغداء».

وبما أن أمي كانت تتكلم معي كالعادة برقة ولطف، تنفست الصعداء. هذا يعني أن سعدية لم تأتِ إلى هنا. بعد الغداء عاد الهدوء إلى الزقاق، فالجميع ينامون ظهرًا أثناء فترة الحر الشديد. فالنوم في النهار يعطي البشر شعورًا بالهدوء والراحة، وهو الفرصة الوحيدة التي يهربون بها من الضجيج والضوضاء إلى السكينة. حين يضعون رؤوسهم على المخدة وينامون فورًا. كنت أمقت النوم ظهرًا. ففي هذا الوقت أشعر بسعادة أكثر: فلا أحد يتدخل في الأشياء التي أقوم بها، لا صراخ، لا موسيقى عالية، لا زيارات مزعجة. أستطيع بكل هدوء قراءة الكتب التي

die Haare zwischen den Beinen entfernten. Womöglich machte Saadia das im Bad. Ich wusste, dass sie die einzige war, die einmal im Monat zum Stadtbad ging. Dort rasierte sie sich vielleicht auch zwischen den Beinen.

Plötzlich drehte sie sich zu mir um. Ich keuchte vor Schreck und rannte nach unten, da ich glaubte, sie habe mich im Spiegel gesehen. Schnell ging ich ins Zimmer und schloss die Tür hinter mir. Meine Mutter war in der Küche und hatte nichts bemerkt. Ich aber bebte vor Angst: Jetzt würde Saadia kommen und meiner Mutter davon erzählen.

»Um Gottes willen, das gibt eine harte Strafe, wenn mein Vater davon erfährt«, dachte ich, denn ich wusste, dass diese Dinge nichts für Kinder sind. Wir durften nicht einmal darüber sprechen.

Vor Erschöpfung und Angst schlief ich im Wohnzimmer auf dem Sofa ein. Es war selten, dass ich tagsüber schlief. Ich erwachte erst, als meine Mutter mir die Wange streichelte und sagte:

»Steh auf mein Kind, du hast lange genug geschlafen, es ist spät. Dein Vater ist schon da, wir können zu Mittag essen.«

Da meine Mutter lieb und freundlich wie immer zu mir sprach, atmete ich erleichtert auf, denn das hieß, dass Saadia noch nicht hier gewesen war.

Nach dem Mittagessen kehrte Ruhe in die Gasse ein, weil alle während der größten Hitze ihr Mittagsschläfchen hielten. Der Schlaf am Tag gab den Menschen ein Gefühl der Entspannung und Beruhigung, als sei Schlafen die einzige Möglichkeit, sich vor dem Lärm und Getöse in die Stille zu flüchten.

أريدها بدون خوف من أن يكتشفني والدي. فأبي لم يكن يرغب في أن أقرأ كتبًا أخرى غير الكتب المدرسية. لأنه حسب رأيه يجب عليّ أن أهتم بالمدرسة هذا أفضل لي. أكثر صرامة تكون ردة فعله عندما يراني منغمس في قراءة المجلات والجرائد وخاصة المجلات المليئة بصور الفنانين والفنانات.

نادرًا ما تشاهد إنسان عند الظهر وعندما يمر أحدهم بالصدفة يكون ذلك الأمر غريبًا. وعندما تبدأ الشمس بالغروب والهواء يصبح أكثر برودة، يعود الزقاق إلى حركته وضوضائه. فالناس اكتفت نومًا وبدأت ملامحهم تتحسن، ووجوههم هادئة ومرتاحة، وواحد بعد الآخر يديرون التلفزيون والراديو وجهاز الكاسيت بصوت عالٍ يطغي على كل الضجيج والأصوات. حملت سعدية كرسيها الصغير وجلست عليه أمام باب بيتها. خرجت أمي أيضًا إلى الزقاق وانضمت إلى باقي النساء، لكنني لم أتجرأ على الخروج خوفًا من أن تراني سعدية وتشتمني أمام الناس، ثم رجعت أمي إلى البيت وقالت لي:

«سعدية بحاجة إليك غدًا، أرجو أن تذهب إليها بعد المدرسة وتساعدها، فهي امرأة كبيرة السن وليس عندها أحد. لم تعد تستطيع المشي بشكل جيد واليوم تشعر بألم في ساقها، يجب أن يُساعد الإنسان الآخر».

إنشرح صدري وتنفست الصعداء: سعدية لا تريد أن تفشي بي، فهززت رأسي دون أن أتكلم. كنت سعيدًا أن أمي لم تدري بعد بما جرى.

* * *

Sobald sie ihren Kopf auf das Kissen legten, schliefen sie auch schon ein. Ich hasste das Schlafen in der Mittagszeit, fühlte ich mich in diesen Stunden doch besonders wohl: niemand kümmerte sich um das, was ich tat; kein Geschrei, keine laute Musik, kein Besuch störten mich. Ganz in Ruhe konnte ich die Bücher lesen, die ich mochte, ohne Angst, dass mein Vater es bemerkte. Mein Vater sah es nämlich nicht gern, wenn ich andere Bücher als Schulbücher las und meinte, ich solle mich lieber um die Schule kümmern. Noch strenger reagierte er, wenn er entdeckte, dass ich in Zeitungen oder Zeitschriften vertieft war oder gar in Illustrierte mit Bildern von Künstlern und Künstlerinnen.

In der Mittagszeit sah man draußen also kaum Menschen. Und wenn zufällig jemand vorbeikam, war es ein Fremder. Begann die Sonne aber im Westen zu versinken und wurde die Luft langsam kühler, kehrte die Gasse wieder zu ihrem lärmenden Treiben zurück. Die Leute waren ausgeschlafen und gut gelaunt, ihre Gesichter ruhig und entspannt. Einer nach dem anderen schalteten sie die Fernseher, Radios und vor allem Kassettenrekorder ein, und zwar so laut, dass jedes andere Geräusch davon übertönt wurde.

Saadia trug einen Hocker vor ihre Tür und setzte sich darauf. Auch meine Mutter ging hinaus auf die Gasse und gesellte sich zu den anderen Frauen. Ich aber wagte nicht, nach draußen zu gehen aus Angst, Saadia könne mich sehen und vor allen Leuten ausschimpfen. Da kam meine Mutter auch schon herein und sagte zu mir:

»Saadia braucht dich morgen. Nach der Schule geh bitte bei

في اليوم التالي كنت فضوليًا وخائفًا بنفس الوقت. فبعد المدرسة رميت حاجياتي المدرسية على الأرض وقلت لأمي إني ذاهب إلى عند سعدية، فنادت عليّ:

«انتظر يا ابني، يجب أن تتناول الطعام في البداية».

«سآكل من بعد، لا أشعر بالجوع الآن».

أجبتها وركضت. قرعت الجرس، ففتحت لي سعدية الباب وقالت:

«هذا أنت، أدخل!»

وقفت أمامها مطأطئ الرأس لا أجرؤ على النظر في عينيها، فشدتني من يدي إلى الداخل وأغلقت باب الدار خلفها. دون أية مقاومة لحقت بها إلى الصالون. فشدتني من أذني حتى أوجعتني ثم قالت:

«أنا أعرفك صبيًا عاقلاً ومؤدبًا. منذ متى تقوم بهذه الأعمال؟»

فشدت أكثر حتى صرخت من الوجع، فابتسمت وقالت:

ihr vorbei und hilf ihr. Sie ist eine alte Frau und allein. Sie kann nicht mehr so gut laufen, und heute tun ihr die Beine besonders weh. Sei mal hilfsbereit!«

Erleichtert atmete ich auf: Saadia wollte mich also nicht verraten. So nickte ich nur stumm mit dem Kopf froh darüber, dass meine Mutter nicht mitbekommen hatte, was geschehen war.

* * *

Am nächsten Tag war ich neugierig und ängstlich zugleich. Nach der Schule warf ich meine Schultasche auf den Boden und sagte meiner Mutter, dass ich nun zu Saadia ginge. Sie rief mich:

»Warte, Kind, du musst noch essen!«

»Später, ich habe im Moment keinen Hunger«, entgegnete ich und rannte los. Ich klingelte; Saadia öffnete die Tür und sagte:

»Da bist du ja, komm rein!«

Ich stand vor ihr mit gesenktem Blick und wagte nicht, ihr in die Augen zu schauen. Sie zog mich an der Hand nach innen und schloss die Haustür hinter uns. Widerstandslos folgte ich ihr ins Wohnzimmer. Dort kniff sie mich ins Ohr, was sehr wehtat, und sagte:

»Ich kenne dich als lieben, anständigen Jungen. Seit wann machst du denn solche Sachen?«

Sie kniff fester, bis ich vor Schmerzen aufschrie. Lächelnd meinte sie:

«يجب أن تتوجع، من عَلَّمَك هذه الأشياء؟»

«لا أحد، أحلف اليمين، لا أحد، لم أشأ ذلك، مجرد صدفة».

«لا تحاول مرة ثانية أن تكررها! هل فهمت؟ وإلّا سأخبر والدك بذلك».

«نعم، نعم. توبة إذا فعلتها بعد ذلك».

جاوبتها بهدوء وأنا أرجف، فتركت أذني وأكدت:

«أنت ما زلت صغيرًا على هذه المسائل!»

ومن أجل تغيير الموضوع سألتها:

«هل أنت بحاجة إلى شيء مدام سعدية؟ ماذا تريدين أن أجلب لك؟»

«لست بحاجة إلى شيء، أمّنت كل شيء اليوم قبل الظهر، فلقد تحسنت رجلاي».

ثم أعطتني لوح شوكولاتة من لبنان، كانت ماركة معروفة ومحبة. شكرتها وأخذت اللوح وركضت عائدًا إلى البيت:

«من أين لك هذه الشوكولاتة الغالية؟» سألتني أمي.

فأخبرتها أن سعدية أهدتني الشوكولاتة كشكر لمساعدتي لها، فنظرت أمي إلى السماء وتمتمت:

«الله يعطيها العمر ويحميها من الألسنة الشريرة».

ثم نظرت إلي وقالت:

«إنها امرأة جيدة لكنها سيئة الحظ، فهي بالطبع حنونة حتى ولو لم يكن عندها أطفال. الله يساعدها، ليس من السهل أن تعيش بدون عائلة».

لفترة طويلة كنت أتجنب الصعود إلى السطح. وفي النهار

»Es soll weh tun. Wer hat dir denn so etwas beigebracht?«

»Niemand. Ich schwöre es, wirklich niemand. Ich wollte es nicht tun. Es war reiner Zufall.«

»Du darfst das nie wieder versuchen! Hast du verstanden? Sonst erzähle ich es deinem Vater.«

»Ja, ja, ich mache es nie wieder und rede mit niemandem darüber«, antwortete ich leise und zitternd. Sie ließ mein Ohr los und stellte fest:

»Du bist noch zu klein für solche Sachen!«

Damit ich das Thema wechseln konnte, fragte ich:

»Was brauchst du, Madame Saadia? Was soll ich dir mitbringen?«

»Nichts, ich brauche nichts. Ich habe alles heute Vormittag besorgt. Meine Beine sind wieder in Ordnung.«

Sie gab mir eine Tafel Schokolade aus dem Libanon, eine sehr begehrte und teure Marke. Dankend nahm ich die Tafel und rannte schnell nach Hause.

»Woher hast du denn diese teure Schokolade?«, fragte meine Mutter.

Ich erzählte ihr, dass Saadia sie mir als Dank für meine Hilfe gegeben habe. Meine Mutter schaute zum Himmel und murmelte:

»Gott gebe ihr ein langes Leben und schütze sie vor den bösen Zungen.«

Dann sah sie mich an und sagte:

»Sie ist eine gute Frau, aber sie hat Pech gehabt im Leben. Sie ist bestimmt lieb, auch wenn sie keine Kinder hat. Gott möge ihr helfen. Es ist nicht einfach für sie, ohne Familie zu

انحرمت من الجلوس لوحدي في الطابق العلوي، حتى لا تراني سعدية. هذا ما افتقدت إليه ولم أعد أستطيع الجلوس مع أصدقائي على السطح. خاصة أن السطوح في المساء تكون مكتظة بالبشر. ويستطيع الإنسان سماع السلامات والأحاديث من البيوت المجاورة. لذلك كنت أجلس برغبة مع أصدقائي على السطح. نشتري بطيخة ونقسمها ومن بعد، عندما تبرد نأكلها سوية.

leben.«

Für lange Zeit vermied ich es, auf das Dach zu steigen. Und tagsüber hielt ich mich nicht mehr allein in den oberen Zimmern auf, um zu vermeiden, dass Saadia mich sah. Das bedauerte ich, denn nun konnte ich mit meinen Freunden nicht mehr auf der Dachterrasse sitzen, wo doch die Dachterrassen abends voll von Leuten waren und man von den Nachbardächern lebhafte Begrüßungen und gelegentlich auch Gespräche hören konnte. Meine Freunde und ich saßen daher gern auf dem Dach. Wir kauften dann eine Wassermelone und schnitten sie auf; später, wenn sie kühl geworden war, aßen wir sie gemeinsam.

الفصل السابع
حيث الحب لا شيء سوى كلمة فارغة

الوقت بعد الظهر. بدأت الشمس بالغروب. آه ما أجمل هذا المنظر، منظر غروب الشمس، إنه منظر حزين، حنون وبهيج. كنت جالسًا في الغرفة في الطابق العلوي على الصوفة، بمحاذاة النافذة المطلة على الزقاق. في يدي كتاب مدرسي. الزقاق تحت النافذة مليء بالناس، بعض الأحيان كنت ألقي نظرة إلى الأسفل، شاهدت عينين تراقبانني من خلف باب نصف مفتوح، وعندما لاحظت أني اكتشفتها حملقت بي وقالت شيئًا ما. لكنني لم أستطع سماعه، بالتأكيد كانت تراقبني منذ مدة طويلة دون أن ألاحظ. شفتاها الجميلتان تتحركان وابتسمت لي، وجذبتني ابتسامتها اللطيفة من جديد، وجهها لم يتغير وما زال جذابًا وجميلاً، لكنها أصبحت أكثر جدية، بدت إنسانة بالغة، فقط العيون تكشف عن شبابها. قبل عام عشقنا بعضنا ثم افترقنا، أُجبرت على الزواج من ابن عمها على الرغم من أنها ما زالت بعمري وتذهب إلى المدرسة. لم تكن راضية، لكن عائلتها أجبرتها. لا أحد استطاع مساعدتها، حتى أخوها نبيل لم يستطع رغم أنه معروف عنه أنه شاب متحرر. فالعائلة لها تأثير كبير عليه وهكذا كان يكرر الجملة التي قالها والده:

«يجب على الفتاة أن تستغل أول فرصة، لأن الفرصة الثانية

Siebtes Kapitel,
in dem die Liebe als leeres Wort entlarvt wird

Es war später Nachmittag, und die Sonne begann unterzu-
gehen. Ah, wie schön war dieser Anblick der untergehenden
Sonne, ein trauriges, bewegendes, warmes Bild! Ich saß oben
im Zimmer auf einem Sofa neben dem Fenster, das zur Gasse
ging. In der Hand hielt ich ein Schulbuch. Die Gasse unter dem
Fenster wimmelte von Menschen. Gelegentlich warf ich einen
Blick hinunter. Zwei Augen beobachteten mich hinter einer
halbgeöffneten Tür. Als sie sah, dass ich sie entdeckt hatte,
starrte sie mich an und sagte etwas, aber ich konnte sie nicht
hören. Bestimmt hatte sie mich schon lange beobachtet, ohne
dass ich es bemerkte. Ihre schönen Lippen bewegten sich. Sie
lächelte mir zu; ihr ganz besonderes, feines Lächeln zog mich
von Neuem an. Ihr Gesicht hatte sich nicht verändert, war
immer noch schön und anziehend. Aber ernster schien sie
geworden und sah wie eine Erwachsene aus. Nur die Augen
verrieten ihre Jugend. Vor einem Jahr verliebten wir uns, dann
gingen wir auseinander. Sie musste ihren Cousin heiraten, obwohl sie in meinem Alter war und noch zur Schule ging. Sie
wollte nicht, aber die Familie zwang sie dazu. Niemand konnte
ihr helfen, auch ihr Bruder Nabil nicht, der eigentlich als auf-
geschlossener Junge galt. Die Familie hatte jedoch großen Ein-

لا تأتيها، فالأفضل أن تتزوج فورًا حتى نكون مرتاحين».

الآن تقف مرة أخرى أمامي وكأن شيئًا لم يحدث. تزور عائلتها حاليًا، وكما يبدو فهي لوحدها، زوجها غير موجود. أشارت بيدها إلى الأعلى. بالتأكيد تريد أن تنبهني إلى غروب الشمس. فهي تعرف كم أحلم بغروب الشمس. كنت أحب أن أنادي بصوت عالٍ: «تعالي! اتركينا نراقب غروب الشمس سوية!» لكن الصمت اعتراني. لم أحرك ساكنًا، غرقت في حلمي، وتعمقت في رؤية عينيها وشفتيها.

لفترة طويلة لم أرها ولم أسمع شيئًا عنها، نادرًا ما تأتي إلى الزقاق. مرة سألت أمي:

«عجيب أن أسماء تزور أهلها نادرًا. هذا شيء غير عادي أم لا؟ خاصة أن زوجها هو ابن عمها».

تفاجأت أمي بهذا السؤال ولم يعجبها أني سألت عن أسماء لأنها كانت تعرف عن علاقتنا مع بعض في الماضي، فردت عليّ:

«أعتقد أنها غير سعيدة. لكن هذا شيء لا يخصك. أرجو منك أن تنسى هذه الفتاة فقد وجدت حظها».

***

fluss auf ihn, und so wiederholte er den Satz, den sein Vater immer sagte:

»Ein Mädchen muss die erste Gelegenheit nutzen, denn sie bekommt womöglich keine zweite. Es ist besser, sofort zu heiraten, dann haben wir unsere Ruhe.«

Jetzt stand sie wieder vor mir, als sei nichts geschehen. Sie besuchte ihre Familie, offensichtlich allein, ohne ihren Mann. Sie machte eine Bewegung mit der Hand und zeigte nach oben. Bestimmt wollte sie mich auf den Sonnenuntergang aufmerksam machen, wusste sie doch, wie sehr ich vom Sonnenuntergang träumte. Am liebsten hätte ich laut gerufen: »Komm, lass uns den Sonnenuntergang gemeinsam betrachten!« Aber das Schweigen ergriff Besitz von mir. Ich rührte mich nicht und schwieg. Ich versank in meinen Traum und vertiefte mich in den lieblichen Anblick ihrer Augen und Lippen.

Lange Zeit hatte ich sie nicht gesehen und nichts von ihr gehört. Sie kam selten in die Gasse. Einmal fragte ich meine Mutter:

»Es ist merkwürdig, dass Asma ihre Eltern so selten besucht. Das ist nicht normal, oder? Vor allem, wo ihr Mann doch ihr Cousin ist.«

Diese Frage überraschte meine Mutter. Es gefiel ihr nicht, dass ich mich nach Asma erkundigte, denn sie wusste, dass wir ineinander verliebt waren. Sie entgegnete:

»Ich glaube, sie ist unglücklich. Aber das geht dich nichts an. Bitte vergiss dieses Mädchen. Sie hat ihr Los gefunden.«

* * *

في يوم من الأيام أعطاني عدنان رسالة من أسماء. كانت قد سلمتها له أخته وسام. كانت وسام زميلة في المدرسة لأسماء. ولذلك ما زلن يتبادلن الزيارات. كتبت لي أسماء أنها تريد مقابلتي. سررت جدًا بالرسالة، فأرسلت لها خبرًا مع وسام أيضًا. فتواعدنا في كافتيريا تقع على الجبل بعيدًا جدًا عن حينا. كانت هذه الكافتيريا غالية، لكنها حديثة ومجهزة على الطريقة الأوربية. لا يزورها سوى الشباب بمرافقة امرأة أو فتاة.

أتت إلى الموعد وجلست قبالتي وانتشر ضوء خافت على طاولتنا. أمالت أسماء رأسها إلى الجانب ونظرت إلى الجهة المعتمة. كانت خجولة وخائفة. لأنها كانت تتخوف أن يراها أحد هنا ويفضحها. ماذا سيقول أهلها لو عرفوا ذلك؟ لكن إلى هنا لا يمكن أن يأتي أحد من حيّنا. يبرق في عينيها ضوء عنيف، كانت العينان تلمعان وتبدوان كبيرتان وتذكراني بأول مرة التقيتها عند غروب الشمس. على شفتيها آثار ابتسامة. تتنفس لاهثة. كنا صامتين، كنت أحب مداعبة يدها، لكني لم أجرؤ، مع الوقت ساورني الشعور أن أكون معها لوحدي وحولنا البحر، ونحن نتمايل على ظهر سفينة.

لم يكن من السهل تحمل الصمت، أن تجلس ولا تقول شيئًا أو لا تعمل شيئًا. كانت مرتبكة، أعصابها متوترة، وتبدو عليها علامات التعب، وجهها شاحب أصفر، عيناها يبرقان غضبًا، لم أعرف ماذا أعمل، نظرت إليها بشفقة وفكرت كيف أبدأ الحديث معها. وفجأة بدأت الحديث دون انقطاع. أخبرتها عن الزقاق، عن أعمالنا الصبيانية وعن أحلامي. كانت أسماء تنصت لحديثي دون أن تنطق بكلمة واحدة. كنت أحب سماع صوتها،

Einige Tage später gab mir Adnan einen Brief von Asma. Seine Schwester Wisam hatte ihm den Brief gebracht. Sie war eine Schulfreundin von Asma gewesen und besuchte sie immer noch. Asma schrieb mir, dass sie sich gern mit mir treffen würde. Ich freute mich über den Brief und schickte ihr eine Antwort, wiederum über Wisam. Wir verabredeten uns in einem Lokal oben auf dem Berg, das weit entfernt von unserem Viertel lag. Es war teuer, aber sehr modern und nach europäischem Muster eingerichtet. Dort durften nur Paare verkehren.

Sie kam zu dem Treffen und setzte sich mir gegenüber. Ein schummriges Licht breitete sich über unserem Tisch aus. Asma neigte den Kopf zur Seite und schaute ins Dunkel hinein. Sie war schüchtern und ängstlich, da sie fürchtete, jemand könne uns hier sehen und dann verraten. Was würden ihre Eltern sagen, wenn sie davon erführen? Aber hierher kam bestimmt niemand aus unserem Viertel. In ihren Augen blitzte ein wildes Licht; sie glänzten und erschienen sehr groß und erinnerten mich an die Begegnung im Sonnenuntergang. Auf ihren Lippen lag die Andeutung eines Lächelns. Sie atmete hastig. Wir schwiegen. Gern hätte ich ihre Hand gestreichelt, aber ich traute mich nicht. Allmählich überkam mich das Gefühl, mit ihr allein zu sein, um uns herum ein Meer und wir taumelnd auf einem Schiff.

Es war sehr schwer, die Stille zu ertragen, nur dazusitzen und nichts zu sagen oder zu tun. Sie wirkte gehetzt und sah müde aus; ihr Gesicht war gelblich, ihre Augen blitzten vor Wut. Ich sah sie nur mitleidig an und überlegte vergeblich, wie

اكتشفت الكلمات في كل مكان، على وجهها، في عيونها، على شفتيها تحاول الخروج، تحاول أن تتحرر.

فجأة توقفت عن الحديث وعم الصمت من جديد. أثارني انعكاس الضوء على فستانها الوردي، فأعطاه رونقًا جميلاً. كنت أعشق هذا اللون، لون الورد الجوري، وبين فستانها وبين قميصي الأبيض كان موعد. في عيني بدت كل الأشياء جميلة، كل الأشياء التي أراها الآن. في الخارج، في الشارع الذي تمر فيه سيارات كثيرة، كانت السيارات تهدر مسببة ضجيجًا عاليًا. ثم أتى النادل وجلب لنا كأسين من العصير، إنها فرصة جديدة لسماع صوتها، فرفعنا الكؤوس وقالت هي:

«صحة، وآمل أن لا يكتشفنا أحد هنا!»

فطمأنتها:

«لا تفكري بالأمر! إلى هنا لا يمكن أن يتيه إنسان من حيّنا».

* * *

فجأة نظرت إليّ بعمق وتدفقت الدموع من عينيها. أمسكت يدها وكانت ترتجف، كل جسمها يرتجف والعرق ينضح. ثم انهمرت الدموع من عينيها كالسيل. شعرت بالتعاسة، ربما

ich ein Gespräch beginnen könnte. Doch auf einmal fing ich an zu erzählen. Ich redete ununterbrochen, erzählte von der Gasse, von unseren Streichen und von meinen Träumen. Asma hörte zu und sagte kein Wort. Ich wollte ihre Stimme hören; ich entdeckte die Worte überall auf ihrem Gesicht, in den Augen, auf den Lippen; sie drängten heraus, wollten sich befreien.

Plötzlich hörte ich auf zu sprechen, und es herrschte wieder Schweigen. Mir gefiel, wie das Licht ihrem rosafarbenen Kleid einen besonderen Glanz verlieh. Ich liebte diese Farbe, die Farbe der damaszenischen Rose. Zwischen ihrem rosa Kleid und meinem weißen Hemd gab es eine Verabredung. In meinen Augen verschönerte sich alles, was ich im Moment sah, so überglücklich war ich. Auf der vielbefahrenen Straße tobten indessen die Autos, ihr Lärm war wie Geschrei. Der Kellner kam vorbei und brachte uns zwei Gläser Saft, wodurch ich wieder Gelegenheit hatte, ihre Stimme zu hören. Wir erhoben unsere Gläser, und sie sagte:

»Zum Wohle und darauf, dass uns niemand hier erwischt!«

Ich beruhigte sie:

»Mach dir nicht so viele Gedanken! Hierher wird sich schon niemand aus unserem Viertel verirren.«

* * *

Plötzlich sah sie mich eindringlich an. Tränen traten ihr in die Augen. Ich fasste ihre Hand, sie zitterte; ihr ganzer Körper zitterte und schwitzte jetzt. Dann stürzten Fluten von Tränen

كنت جباناً، لكن ماذا أستطيع أن أعمل؟ هذه امرأة جميلة شابة تجلس قبالتي، ترتجف خائفة من هذه الحياة التي لم تبدأ بالنسبة إليها بجد بعد. شعرت بمرارة، كأني رجل كبير وعليه بدون مقدمات أن يتحمل المسؤولية. فصاحت في وجهي:

«هل تعرف أن الحب كلمة فارغة، لم يساعدني لحد الآن، حتى لو كانت كل الناس تتحدث عنه. ماذا يستطيع حبك أن يعمل من أجلي؟»

بقيتُ صامتاً، ولم أنبس بكلمة، وماذا سأقول، ثم تابعت حديثها:

«لم تكن أمي موافقة على زواجي، رغم ذلك لم يساعدني حبها لي أبداً، فكانت تحاول أن تواسيني عندما تقول لي: «كل الرجال يتشابهون، كلهم عندهم نفس القضيب، ويريدون منّا نحن النساء نفس الشيء، من خلال كتبك ومجلاتك يتكوّن عندك تصوّر خاطئ عن الحب. كذلك المدرسة مسؤولة عن هذا التصور. لذلك كنت ضد أن تذهبي إلى المدرسة. أنظري إليّ أنا لا أستطيع القراءة ولا الكتابة ورغم ذلك حصلت على رجل، تزوجت أباك رغم أننا لم نتعرف على بعضنا من قبل، أما أنت، فعلى الأقل تعرفت عليه من قبل، وهو ابن عمك».

العالم مجنون، هذا ما راودني. لحد هذا الوقت كان حلم أسماء وحلم الفتيات، أن يصبحن عرائس وحلم كل الشباب أن يصبحوا عرسان. عندما كانت أمي تريد أن تقول لنا شيئًا جميلاً، نحن الصغار، كانت تدعونا بـ«العريس» وبـ«العروسة»، وهكذا نشأنا مع هذا الحلم. وتنمنى أن نكبر حالاً من أجل تحقيقه، الزواج هو الإمكانية الوحيدة للرجل والمرأة أن يعيشوا سوية

aus ihren Augen. Mir war elend zu Mute, vielleicht, weil ich mir feige vorkam. Aber was konnte ich denn tun? Vor mir saß eine junge, schöne Frau, zitternd aus Angst vor dem Leben, das für sie noch gar nicht richtig begonnen hatte. Mir wurde mulmig; ich fühlte mich auf einmal wie ein Erwachsener, musste plötzlich Verantwortung tragen. Da schrie sie mir ins Gesicht:

»Weißt du, die Liebe, das ist ein leeres Wort. Mir hat sie nicht geholfen, auch wenn alle Leute von ihr reden. Was kann deine Liebe schon für mich tun?«

Ich schwieg, war sprachlos. Nichts fiel mir ein. Sie fuhr fort:

»Meine Mutter war mit meiner Heirat nicht einverstanden. Trotzdem hat mir ihre Liebe nicht geholfen. Sie versuchte, mich zu trösten, indem sie mir sagte: ›Alle Männer sind gleich. Sie haben denselben Penis und wollen von uns Frauen alle nur dasselbe. Mit der Zeit gewöhnst du dich an ihn. Liebe ist nur ein Trugbild. Durch deine Bücher und deine Zeitschriften hast du ein falsches Bild von der Liebe bekommen. Die Schule ist daran schuld; deshalb war ich auch dagegen, dass du zur Schule gingst. Sieh mich an, ich kann weder schreiben noch lesen und habe trotzdem einen Mann bekommen. Ich habe deinen Vater geheiratet, obwohl wir uns vorher nicht kannten. Du kennst deinen Mann wenigstens, er ist dein Cousin.‹«

Die Welt ist verrückt, dachte ich. Bis jetzt war es der Traum Asmas und aller Mädchen, Braut zu sein, und mein Traum und der aller Jungen, Bräutigam zu werden. Wenn unsere Mütter uns Kindern etwas besonders Schönes sagen wollten, nannten sie uns »Braut« oder »Bräutigam«. Wir wuchsen mit diesem Traum auf und wollten ihn, sobald wir größer seien, in Erfüllung

وإلاّ فالعلاقات الغرامية تدور كلها سرًّا ومع خطر أن يكتشفها أحد، وإذا اُكتشف فسيحدث إزعاج وتُطلق الإشاعات والأقاويل. فالأكثرية يتزوجون وهم صغار السن. أما الرجال فيتزوجون بعد تأدية الخدمة العسرية.

هذه الأفكار انطلقت في رأسي عندما سمعت من أسماء أنها غير سعيدة. إذن، الحلم كان شيئًا وهميًا والزواج هو نكبة؟ هززت رأسي وغرقت في هذه الأفكار.

فجأة بدأت أدندن بأغنية وتمنيت أن تغني معي. فعرفت ما يدور في رأسي فسألتني بهدوء:

«هل تريد أن تتزوج؟»

«لا أعرف. الشيء الوحيد الذي أعرفه هو أنني أحبك».

«ماذا يفيدني هذا؟ كان يجب عليك أن تبادر من قبل».

«أنت تعرفين أنني ما زلت طفلاً».

«أنا أيضًا».

«أنت فتاة! هذا قدرك».

«بالضبط، ولا يُلزم والداك بالتخلص منك فورًا».

«اتركينا الآن من هذا النقاش! لأنه لا يجلب فائدة، ودعينا نعود إلى حلمنا، فالحب حلم».

* * *

gehen lassen. Heiraten war die einzige Möglichkeit für Mann und Frau zusammen zu leben. Sonst spielten sich alle Liebesbeziehungen heimlich ab, immer verbunden mit dem Risiko, entdeckt zu werden und dadurch größten Ärger zu bekommen und übelstes Gerede zu verursachen. Die meisten heirateten sehr jung, die Männer häufig unmittelbar nach dem Militärdienst.

Diese Gedanken schossen mir durch den Kopf, als ich hörte, wie unglücklich Asma war. Der Traum war also ein Trugbild und Heiraten ein Unglück? Ich schüttelte den Kopf tief versunken in diesen neuen Gedanken.

Plötzlich begann ich, ein Lied zu summen und wünschte mir, sie würde mitsingen. Sie erahnte meine Gedanken und fragte mich sehr leise:

»Möchtest du auch gerne heiraten?«

»Ich weiß nicht. Ich weiß nur, dass ich dich noch liebe.«

»Was hilft mir das? Du hättest dich früher dafür einsetzen müssen.«

»Du weißt, ich bin noch ein Kind.«

»Ich auch.«

»Du bist ein Mädchen! Das ist dein Schicksal.«

»Ja genau! Deine Eltern müssen dich nicht möglichst schnell los werden!«

»Lass jetzt diese Diskussion! Sie führt zu nichts. Lass uns zu unserem Traum zurückkehren. Die Liebe ist ein Traum.«

* * *

كانت أسماء تنظر إليّ بأجفان منكسة، ثم نظرت جانبًا، فتحت عينيها على اتساعهما وأدارت رأسها تجاهي ثم ابتسمت. بدأت تداعب شعري وقالت بحنان:

«من أجل أن أواسيك تستطيع أن تتزوج ابنتي. حين تتزوج ستكون هي في عمري الآن. فستصبح زوجها».

والآن تثير أسماء عندي شعور التحدي، شعور العناد والتمرد تصاعد في داخلي. يجب أن أعمل شيئًا من أجل مساعدتها، لكن كيف؟ فغرست رأسي في صدرها. فلامست يدها شعري وانتشيت برائحة صدرها.

Asma schaute mich unter halbgeschlossenen Lidern an. Dann sah sie zur Seite und öffnete die Augen wieder ganz. Sie drehte sich zu mir, lächelte, spielte mit meinem Haar und sagte liebevoll:

»Zum Trost kannst du ja meine Tochter heiraten. Bis du heiratest, ist sie sicher in meinem Alter. Dann wirst du ihr Ehemann.«

Jetzt hatte mich Asma endgültig herausgefordert. Ein Gefühl des Trotzes und der Auflehnung stieg in mir hoch. Ich musste etwas tun, um ihr zu helfen, aber was? Ich vergrub meinen Kopf in ihren Brüsten, sie streichelte meine Haare, und der Geruch ihrer Brüste berauschte mich.

الفصل الثامن
حيث يلتقي الرجال في مقهى أبو سمير

على بعد خمسة بيوت من بيتنا تسكن أم سمير، لها صوت خشن وعالٍ وتشتم دائمًا، خاصة عندما يعود زوجها مساءً من العمل. فتشكي له ابنها الكبير سمير الذي لم يطعها:

«دائمًا ينط في الخارج، لا يقوم أبدًا بإتمام واجباته المدرسية. يجلس فورًا أمام التلفزيون، فالمدرسة لا تهمه».

ثم ترفع صوتها لأن زوجها يمسك ابنه ويضربه. فتحاول أم سمير تخليصه منه ثم يتدخل الجيران. هذه المسرحية تتكرر يوميًا تقريبًا، بنفس المشهد.

كان سمير صديقي. لم يكن جيدًا في المدرسة ليس لأنه غبي، وإنما لأنه كان يفكر في أشياء أخرى، لا علاقة لها بالمدرسة. فقد كان دائمًا يضحكنا، وهو حيوي ويعمل مقالبَ كثيرة مع الناس، لكنها لم تكن مقالبَ مؤذية وإنما للضحك. في الصف يجلس أكثر الأحيان إلى جانب المدفأة أو إلى جانب النافذة، كان أهله يريدون منه أن يصبح رجلاً محترمًا.

في المساء كنا نجلس، عدنان، سمير، رامز وأنا أمام البيت. كنا شلة تربطنا مع بعضنا صداقة متينة ونرى بعضنا يوميًا. نأخذ بعض الكراسي إلى الخارج ونغلي إبريق الشاي ونجلس نراقب

Achtes Kapitel,
in dem sich die Männer im Kaffeehaus
von Abu Samir treffen

Fünf Häuser von unserem Haus entfernt wohnte Umm Samir.
Sie hatte eine raue, laute Stimme und schimpfte andauernd,
vor allem, wenn ihr Mann am späten Abend von der Arbeit
kam. Dann beklagte sie sich über ihren ältesten Sohn Samir, der
ihr nicht gehorchte:
»Ständig tobt er draußen herum. Und wenn er endlich zur Tür
hereinkommt, macht er keine Hausaufgaben, sondern setzt
sich sofort vor den Fernseher. Die Schule interessiert ihn nicht.«
Danach wurde es noch lauter, weil der Mann sich den Sohn
packte und ihn verprügelte, während Umm Samir nun versuchte, ihn davon abzuhalten. Schließlich mischten sich auch die
Nachbarn ein. Dieses Theater wiederholte sich bisweilen täglich, und es spielte sich immer gleich ab.
Samir war mein Freund. Er war nicht gut in der Schule, aber
nicht aus Dummheit, sondern weil er an Dinge dachte, die nichts
mit der Schule zu tun hatten. Er brachte uns immer zum Lachen,
war sehr lebhaft und spielte den Leuten viele Streiche, aber keine bösen, sondern lustige Streiche. In der Klasse setzte er sich
meistens in die letzte Reihe neben den Ofen oder ans Fenster.
Seine Eltern wollten, dass aus ihm etwas Anständiges werde.

المارة في الزقاق، خاصة الفتيات اللواتي يسترقن النظر إلينا سرًا.

بعض الأحيان، حين لا يكون أحد من الكبار قريًا منا وأبو حنا غير موجود على سطح بيته، تقول الفتيات «مساء الخير». ثم ندعوهن لشرب الشاي. كانت رغبتهن شديدة في شرب الشاي معنا. لكن ستكون عاقبتها انتشار الأقاويل. كان لعدنان صوت جميل وقدرة على الغناء، ورامز كان يكتب الأشعار ويحب القائها. لكننا لم نكن ننظر إلى قصائده بجد، وفي يوم من الأيام خدعنا قرأ لنا قصيدة وقال إنها من شاعر كبير وقد أعجبنا بالقصيدة كثيرًا ثم أخبرنا أنه هو الذي كتبها. كان يكتب بالدرجة الأولى قصائد حب، وببعض الأحيان كنا نطلب منه أن يكتب لنا قصيدة نهديها للفتاة التي كنا نعشقها.

* * *

Abends saßen wir – Adnan, Samir, Rames und ich – vor der Tür unseres Hauses. Wir waren eine Clique, sehr gut miteinander befreundet und sahen uns fast jeden Tag. Wir nahmen ein paar Stühle, stellten sie nach draußen, machten eine große Kanne Tee und beobachteten die Leute, die die Gasse entlang kamen, vor allem natürlich die Mädchen, die uns heimlich im Vorbeigehen anschauten. Und manchmal, wenn keine Erwachsenen in der Nähe waren und auch Abu Hanna nicht auf dem Dach saß, sagten die Mädchen: »Guten Abend!« Dann luden wir sie zum Tee ein. Sie hätten gern mit uns Tee getrunken, aber das Gerede der Leute wäre zu groß gewesen.

Adnan besaß eine sehr schöne Stimme und konnte gut singen. Rames schrieb Gedichte und wollte sie uns immer vortragen. Wir nahmen sie jedoch nie so ganz ernst, bis er uns eines Tages hereinlegte. Er las uns Gedichte von einem, wie er uns weismachte, sehr bekannten Dichter vor, und wir waren begeistert. Anschließend verriet er uns, dass die Gedichte von ihm stammten. Vorwiegend schrieb er Liebesgedichte, und manchmal baten wir ihn, eins für uns zu verfassen, damit wir es dem Mädchen schenken konnten, in das wir verliebt waren.

* * *

كان الشارع الرئيسي في حيّنا دائمًا مكتظًا بالبشر والسيارات. كان الزحام كبيرًا لذلك كانت الناس تسير في الشارع رغم السيارات. كان هذا الشارع مكان للتسكع مساءً وكذلك نقطة لقاء للشباب والكبار ومكان عرض للأزياء في الحي. كنا نسير ذهابًا وإيابًا وأكثر الأحيان مجموعات من الصبيان أو الفتيات. على الشمال واليمين كانت المحلات المتلاصقة مع بعضها، محلات البوتيك، محلات الصياغة ومحلات الفواكه والمرطبات والأكلات الخفيفة. وفي حالة وجود مكان صغير يحتله البائعون المتجولون الذين يعرضون بضائعهم المهربة: سجائر أمريكية، ويسكي، جينز وخاصة الأدوات الكهربائية.

لم يكن سهلاً السير في هذا الشارع، حتى السيارات يتوجب عليها السير ببطء وأكثر الأحيان تضطر إلى الوقوف، لأن الشارع رغم زمير السيارات المرتفع مليء بالبشر.

بصعوبة وعذاب يسير الإنسان بين السيارات وأكثر الأحيان لا ينجو من وسخها. فصفير السيارات بكل الأشكال وصياح الباعة المتجولون يشكلون الإيقاع الذي يتحرك عليه هذا الشارع. هنا تجد عصارة الحياة دائمة الحيوية لحيّنا، والتي تشكل عالمًا خاصًا بها. يُعتقد بعض الأحيان أنه عالم قائم لنفسه. في هذا الشارع يقع أيضًا مقهى الحي. صاحبه أبو سمير. يتكون المقهى من قاعة واحدة كبيرة لها سقف عالٍ جدًا. أمام المقهى بعض عرائش العنب الكبيرة التي تلقي صيفًا بضلالها. في وسط المكان بحيرة صغيرة لترطيب الجو، وفي السقف عُلِّقت مروحة قديمة كبيرة، إسودُّ لونها من الدخان. إلى جانب

Die Hauptstraße unseres Viertels wimmelte abends von Menschen und Autos. Das Gedränge war so groß, dass die Leute trotz der Autos mitten auf der Straße liefen. Diese Straße war unsere abendliche Flaniermeile, Treffpunkt für Jugendliche und Erwachsene und Schauplatz der neuesten Mode im Viertel. Wir schlenderten auf und ab, meist in Gruppen von Jungen oder Mädchen. Links und rechts zu beiden Seiten lagen die Geschäfte, eins neben dem anderen: Boutiquen, Schmuckläden, Obst- und Gemüsegeschäfte, Lebensmittel-, Kaffee- und Teeläden und nicht zuletzt die Sandwich- und Saftstände. Wenn es noch einen kleinen freien Platz gab, wurde er sofort von den zahlreichen fliegenden Händlern besetzt, die ihre Waren anboten, geschmuggelte Waren: amerikanische Zigaretten, Whiskey, Jeans und vor allem Elektrogeräte.

Es war nicht einfach, hier entlang zu laufen. Selbst die Autos mussten ganz langsam fahren und öfter anhalten, weil die Straße trotz lautstarken Hupkonzerts meist völlig verstopft war. Mühsam quälte man sich durch den Verkehr und blieb selten vom Schmutz der Autos verschont. Das Hupen in allen Variationen, das Geschrei der Verkäufer und das Gerede der Flaneure bildeten den Rhythmus, nach dem sich diese Straße bewegte. Hier konzentrierte sich das ständig bewegte Leben unseres Viertels, eine eigene Welt, von der man glauben konnte, sie existiere nur für sich.

Hier lag auch das Kaffeehaus des Viertels. Es gehörte Abu Samir. Es war sehr groß und bestand aus einer riesigen Halle mit hoher Decke. Vor dem Haus gab es mehrere Weinlauben, die auch im Sommer Schatten spendeten. Mitten im Raum

الباب توجد طاولة وصندوق محاسبة، خلف الطاولة كان يجلس أبو سمير. وعندما يدخل الإنسان المقهى يجب عليه أن يشتري بون للقهوة أو الشاي أو النرجيلة، ثم يعطي البون إلى النادل. وهكذا كان بإمكان أبو سمير مراقبة كل شيء. كان أبو سمير في سن الخمسين، قصير القامة، له وجه غامق وعريض، له شفاه غليظة وكبيرة ولا يضحك إلاّ نادرًا. فكأنه وُلد لكي لا يضحك، يُدخن باستمرار بنهم ويشرب القهوة، الفنجان تلو الآخر، وعندما يكف عن تدخين النرجيلة يكون السيكار في فمه.

يصرخ أحيانًا على عماله، إذا اكتشف أن أحد الطاولات ينقصها إبريق ماء، فيغضب، لأنه حسب رأيه، يجب أن يكون على كل طاولة إبريق ماء. لأن هذا ملازم لشرب القهوة والشاي وتدخين النرجيلة. في الصيف يكون المقهى مكتظًا بالزبائن، خاصة بعد الظهر، لا تجد كرسيًا فارغًا، وهو يفتح يوميًا من الساعة العاشرة قبل الظهر حتى الساعة الثامنة مساءً. وفي الشتاء يُغلق أبو سمير المقهى في تمام الساعة السادسة مساءً. كان للمقهى زبائنه الدائمون، يتردد عليه التجار، والعاطلون عن العمل، والسماسرة وحتى خريجو الجامعات. كلهم يدخنون النرجيلة أو السيجارة، مما يجعل المكان يعج بالدخان. بعد الظهر يأتي أصحاب المحلات الصغيرة الواقعة في الشارع الرئيسي ليقضوا فيه فترة استراحة الظهيرة وليلتقوا بالآخرين وليتبادلوا آخر الأخبار والبضائع الجديدة. بعد الظهر تمتلئ المقهى بالحركة وتكون المجموعات. فهناك مجموعة للعب الورق، والأخرى للطاولة، فتدب الحيوية بأبي سمير ويرتفع

sprudelte ein Springbrunnen und verbreitete eine angenehme Kühle. Oben an der Decke drehte sich ein großer Ventilator, sehr alt, und schwarz geworden vom Rauch. An der Tür stand ein Tisch mit der Kasse, dahinter saß Abu Samir. Wenn man das Kaffeehaus betrat, musste man Bons für Kaffee, Tee oder eine Wasserpfeife kaufen und sie nachher dem Kellner geben. Auf diese Weise behielt Abu Samir alles unter Kontrolle.

Abu Samir war Mitte fünfzig, klein und hatte ein breites, dunkles Gesicht. Seine Lippen waren wulstig; sie lächelten kaum; Abu Samir schien geradezu geboren zu sein, um nicht zu lächeln. Er trug einen großen Bauch vor sich her, obwohl er nicht sehr dick war. Immer stand eine Wasserpfeife vor ihm; er rauchte ständig und trank dazu Kaffee, eine Tasse nach der anderen, und wenn er keine Wasserpfeife rauchte, dann hatte er eine Zigarre im Mund.

Gelegentlich schrie er hinter seinen Kellnern her. Entdeckte er nämlich einen Tisch ohne eine Kanne Wasser, wurde er böse, gehörte seiner Meinung nach ein Krug kalten Wassers doch unbedingt zu Kaffee, Tee und Wasserpfeife.

In den warmen Zeiten war das Kaffeehaus voll, vor allem nachmittags blieb kein Stuhl frei. Jeden Tag von zehn Uhr vormittags bis acht Uhr abends war es durchgehend geöffnet. Im Winter machte Abu Samir schon um sechs Uhr zu.

Die Besucher waren Stammgäste: Geschäftsleute, Arbeitslose, Makler und auch junge Akademiker. Alle rauchten sie entweder Zigaretten oder Wasserpfeife, so dass der Raum ständig verqualmt war. Nachmittags erschienen auch die Besitzer der kleinen Geschäfte von der Hauptstraße und

صوته، مناديًا العاملين عنده لجلب فحمة للنرجيلة عندما يبدأ بصيصها بالانطفاء. ينادي النادل باستمرار على عامل القهوة والشاي: «قهوة سكر قليل، إثنين بدون سكر، ثلاثة شاي، نرجيلتين، نار لأبو اميل، ماء للضيوف الجدد، بسرعة! أركض!»

وإذا أردت أن تتعرف على مخابئ السياسة فما عليك إلاّ أن تذهب إلى هناك. فهناك القصص والحكايات وأحداث السياسة المحلية والعالمية.

على الرف خلف أبو سمير يوجد راديو قديم. لا أحد غيره يُسمح له بتشغيله. يشغله فقط بعد الظهر، ليسمع الأخبار فهو يعرف متى تذاع نشرات الأخبار في كل المحطات التي تبث بالعربية. ويشغل الراديو بصوت عالٍ ليسمع الجميع. ولا يوجد أي أحد يتجرأ على الاعتراض، فهو لا يقرأ الجرائد لأن أخبارها قديمة، بعكس أخبار الراديو التي هي دائمًا حديثة ودقيقة، وخاصة لأنه يستمع إلى محطات كثيرة. ومن ثم فالجرائد تكلف نقودًا وأخبار الراديو مجانًا. يعلق في بعض الأحيان: «يكذبون، قبل ساعة سمعت الخبر في إذاعة أخرى، وقالوا شيئًا آخر».

كل يوم بعد الظهر يكون الأستاذ أنطون في المقهى، يأتي فورًا من العمل إلى هناك. يتأبط محفظة رقيقة فيها بعض الأوراق والجرائد وهو حريص كل الحرص عليها، وكأنها ستُسرق منه. يلبس حذاءً أنيقًا من الجلد اللماع وربطة عنق ملونة ونظارات فضية قديمة. كان الأستاذ أنطون رجلاً أنيقًا، يعيش لوحده في غرفة استأجرها عند أبي أمين. غرفة مليئة بالكتب وفيها طاولة

machten dort ihre Mittagspause. Sie kamen, um Leute zu treffen und über die Neuigkeiten auf dem Markt zu reden.

Nachmittags ging es im Kaffeehaus also hoch her. Es bildeten sich Gruppen, um Karten oder *Tawla** zu spielen. Auch Abu Samir wurde lebendiger und lauter. Er rief seine Kellner, damit sie Kohle für die Wasserpfeifen brachten, wenn diese auszugehen drohten. Ständig rief ein Kellner Bestellungen zur Kochecke hinüber: »Einen Kaffee mit wenig Zucker, zwei ohne Zucker, drei Tee, zwei Wasserpfeifen, Feuer für Abu Amil, Wasser für die neuen Gäste, schnell, beeil dich!«

Wollte man etwas über die Geheimnisse der Politik erfahren, musste man dort hingehen. Es wurde über Geschichte geplaudert und über die Ereignisse der internationalen und lokalen Politik. Auf einem Regal hinter Abu Samir thronte ein großes, altes Radio. Niemand außer Abu Samir durfte das Radio bedienen. Er machte es nur nachmittags an, um die Nachrichten zu hören, denn er kannte die Zeiten der Nachrichten auf sämtlichen arabischsprachigen Sendern. Damit alle mithören konnten, stellte er das Radio immer sehr laut, und niemand wagte es, etwas dagegen einzuwenden. Zeitungen las er kaum, weil die Nachrichten darin alt waren, im Radio dagegen frisch und genauer, zumal er verschiedene Sender hörte. Außerdem kosteten die Zeitungen Geld, und die Neuigkeiten im Radio waren kostenlos. Manchmal kommentierte er eine Nachricht lautstark:

»Sie lügen, ich habe vor einer Stunde von einem anderen Sender etwas anderes gehört!«

Ein Gast erschien jeden Nachmittag. Es war *Ustas** Anton,

وكرسيان وصوفة يستعملها للنوم ليلاً.

والأستاذ أنطون معلم لمادة الأدب العربي في مدرسة ثانوية في ضواحي المدينة. وكان سعيدًا، لأنه لا يوجد ولا تلميذ من الزقاق في الصف عنده. رغم أن عمره في منتصف الثلاثينات فقد كان شعره مكلل بالبياض مثل الغيوم المتناثرة في السماء صيفًا. تجعدات عميقة في وجهه تعلن على أنه مليء بالهموم، لكن لا أحد يعرف ما هي ولماذا. فقد كان نحيفًا لا يعرق أبدًا حتى في الصيف.

أكثر أوقاته يمضيها لوحده. بعض الأيام يأتيه زوار ولا أحد يعرف هل هم أصدقاء أم أقرباء، وعندما يمر في الزقاق يلقي التحية على الجهتين مع ابتسامة صغيرة ولطيفة، دون أن ينطق كلمة واحدة. حتى المقهى يدخله بصمت. الكلّ يعرفوه هناك. لكنه يجلس في إحدى زوايا المقهى على طاولة فارغة، ويجلب له النادل دون أن يسأله فنجان القهوة وكأس الماء. كان يشرب قهوته ببطء ويقرأ الجريدة.

* * *

der immer direkt von der Arbeit ins Kaffeehaus kam. Er hatte ständig eine dünne Tasche bei sich, in der sich Papiere und Zeitungen befanden und die er fest unter dem Arm hielt, als habe er Angst, jemand könne sie ihm stehlen. Er trug feine schwarzglänzende Lederschuhe, eine bunte Seidenkrawatte und eine alte, runde Nickelbrille. Ustas Anton war ein Gentleman.

Er lebte allein in einem Zimmer, das er bei Abu Amin gemietet hatte. Es gab dort viele Bücher, einen Tisch, zwei Stühle sowie ein Sofa, auf dem Ustas Anton des Nachts schlief.

Ustas Anton arbeitete als Lehrer für Literatur in einem Gymnasium am Rande der Stadt und war froh, dass er keine Schüler aus der Gasse in seiner Klasse hatte. Obwohl erst Mitte dreißig, war sein Haar grau wie die Wolken, die vereinzelt am Sommerhimmel standen. Tiefe Falten in seinem Gesicht verrieten, dass er Sorgen hatte, aber niemand ahnte, welche und warum. Er war sehr schlank und schwitzte selbst im Sommer kaum.

Die meiste Zeit verbrachte er allein. Ab und zu bekam er Besuch, und man wusste nicht, ob es Freunde oder Verwandte waren. Wenn er durch die Gasse ging, grüßte er mit einem freundlichen, kleinen Lächeln nach beiden Seiten, ohne ein Wort zu sagen. Auch das Kaffeehaus betrat er schweigend. Alle kannten ihn. Er aber setzte sich in eine Ecke an einen leeren Tisch, und der Kellner brachte ihm ungefragt die Tasse Kaffee mit einem Glas Wasser. Langsam trank er den Kaffee und las seine Zeitung.

* * *

كانت عطلتنا المدرسية الصيفية طويلة وتمتد إلى أكثر من ثلاثة أشهر. أثنائها أذهب مع سمير إلى مقهى والده ونساعده بعض الشيء عندما يكون المقهى مكتظًا بالناس. نجلب الماء إلى الطاولات وكذلك النار للنراجيل، في بعض الأحيان كان يعطينا بعض النقود.

بشكل خاص كنّا نرغب بالذهاب إلى هناك، يوم الخميس بعد الظهر، عندما يأتي الحكواتي أبو علي. كان رجلاً قصيرًا له لحية طويلة، وعندما يصعد إلى تخته العالي، يصمت جميع الزبائن ويسترقون السمع إليه بشغف. وعندما يروي حكاياته لا يبقى هادئًا وإنما يمثل الأدوار التي يرويها بشكل واضح. يستطيع كل إنسان ملاحظتها. لم يكن أبو علي راويًا قديرًا فقط، وإنما ممثلاً ماهرًا.

في هذا اليوم يكون المقهى عاجًا بالناس والواقفين أكثر من الجالسين. وقبل أن يبدأ حكايته، يأخذ نفسًا عميقًا من النرجيلة ثم ينفخ الدخان في الهواء، وينظر إلى المستمعين فيتفحصهم واحدًا واحدًا، ليرى من الغائب ومن الحاضر الجديد هنا، ثم يمسد شواربه الطويلة ويتنحنح ليسكت الجميع. فكانت من كل حكاية تتشعب قصص أخرى وهكذا لا تنتهي حكاياته التي تتواصل كل أسبوع، والمستمعون كانوا يرغمونه على تحرير البطل من السجن في نفس المساء، لأنهم لا صبر لديهم حتى الأسبوع القادم. كانت تظهر على وجوههم علامات التوتر ويستريحون عندما يكون البطل قد أُنقذ. أما أنا فقد كنت أحب هذا الحكواتي الذي كان يستطيع أن يسجن السلاطين وأصحاب النفوذ.

Im Sommer hatten wir lange Schulferien, über drei Monate. Dann gingen Samir und ich ab und an ins Kaffeehaus zu Abu Samir und halfen ihm ein bisschen, wenn das Haus voll war. Wir versorgten die Tische mit Wasser und die Wasserpfeifen mit Feuer. Gelegentlich bekamen wir dafür ein Taschengeld.

Besonders gern gingen wir am Donnerstag dorthin, wenn der Geschichtenerzähler Abu Ali auftrat. Er war ein kleiner Mann mit einem langen, vollen Bart. Sowie er sich auf einen hohen Hocker setzte, schwiegen die Gäste und lauschten gebannt. Abu Ali saß nie still beim Erzählen, sondern sprang vom Hocker, gestikulierte lebhaft und spielte die Szenen so anschaulich vor, dass jeder merkte: Abu Ali war auch ein begabter Schauspieler. An diesem Nachmittag war das Kaffeehaus immer überfüllt; es gab mehr Leute, die standen, als Leute, die saßen.

Bevor Abu Ali zu erzählen begann, nahm er einen großen Zug aus der Wasserpfeife, pustete den Rauch in die Luft und schaute die Zuhörer an; er musterte sie ganz genau, um zu sehen, wer heute fehlte und wer neu hinzugekommen war. Dann strich er seinen langen Bart und räusperte sich, damit die Leute ruhig wurden. Er erfand Geschichten, die sich in viele andere Geschichten verzweigten und nie zu Ende gingen; jede Woche folgte eine Fortsetzung. Die Zuhörer zwangen Abu Ali jedoch, den gefangenen Helden noch am selben Abend wieder zu befreien. Sie konnten nicht bis zur nächsten Woche warten. Ihre Gesichter verrieten große Aufregung und entspannten sich erst, wenn der Held in Sicherheit war.

Auch ich liebte diesen Erzähler, der Sultane und Mächtige einsperren konnte.

الفصل التاسع
حيث ودعنا سمير بكل أسى

لم يكن أبو سمير يهتم بابنه، فكان يراه في الأغلب عندما يعود إلى بيته مساءً، فيضربه. كانت أم سمير غبية جدًا ولم تكن تعمل سوى إنجاب الأطفال. عندها عشرة أطفال، وما عدا سمير فالبقية كلهم بنات. كل سنة تنجب طفلاً، ولم أكن أعرفها إلاّ ببطنها الكبير ودائمًا تسلم أمي عليها وتسألها:

«في أي شهر أنت؟»

كانت أم سمير تبدو شاحبة مما دعى أمي إلى أن تقول لها:

«الأطفال يمصون دمك، وهذا الجحش لماذا تتركيه يركب عليك؟»

«ماذا أعمل؟» كان جوابها «فإذا تركني إلى أين أذهب، إخوتي سوف يعيدوني إليه ويقولون إن واجب الزوجة إشباع رغبات الزوج!»

كان سمير غير راضٍ عن الوضع، لذلك ترك المدرسة. في المدة الأخيرة كان صعب الالتقاء به، وعندما كنا نسأل أمه عنه، تعطينا الجواب التالي:

«لا أعرف. يذهب باكرًا من البيت ولا يعود إلاّ مساءً. ثم يتشاجر مع والده بسبب النقود».

Neuntes Kapitel,
in dem sich Samir schweren Herzens
verabschiedet

Um seinen Sohn kümmerte sich Abu Samir kaum. Er sah ihn meist nur abends und verprügelte ihn dann. Samirs Mutter, Umm Samir, war sehr dumm und tat nichts als gebären. Zehn Kinder hatte sie schon, außer Samir nur Mädchen. Jedes Jahr gebar sie ein neues Kind. Ich kannte sie nur mit einem dicken Bauch, und meine Mutter begrüßte sie stets mit der Frage: »In welchem Monat bist du gerade?«

Umm Samir sah so blass aus, dass meine Mutter einmal zu ihr sagte:

»Die Kinder saugen dir das Blut aus. Warum lässt du deinen Mann, diesen Esel, auf dir reiten?«

»Was soll ich denn tun?«, klagte Umm Samir. »Wenn er mich verlässt, kann ich nirgendwo hingehen. Meine Brüder würden mich zu ihm zurückbringen und sagen: ›Es ist die Pflicht der Frau, ihren Mann zu befriedigen.‹«

Samir wurde immer unzufriedener und gab schließlich sogar die Schule auf. In der letzten Zeit war er kaum erreichbar. Wenn wir seine Mutter nach ihm fragten, gab sie uns zur Antwort:

»Ich weiß nicht. Er geht früh aus dem Haus und kommt erst

حاول عدنان أن يتقصى مكان سمير ثم عرفنا أنه يحاول تكبير عمره سنة، لكي يصبح ثمانية عشرة عامًا ليحصل على جواز سفر. في أحد الأيام، مساءً، استطعنا أن نكتشفه أمام الصيدلية الواقعة على مدخل الزقاق. عندما كان يحاول الصعود إلى التاكسي. ثم تواعدنا معه في اليوم التالي لنشرب الشاي.

«تعالوا غدًا إلى عندي، عندما تنام الناس ظهرًا، عندئذ يكون الجو هادئًا» قال لنا.

عندما كنا أنا وعدنان جالسين عند سمير نشرب الشاي، كنا نتحدث عن أخبار الحي وأخبار البنات في الزقاق. ثم عم الصمت بيننا وبدأ سمير حزينًا جدًا. فجأة خرق جدار الصمت وخرج منه شيء كالتالي:

«لا أستطيع البقاء في البيت بعد. لذلك قررت السفر. بالطبع فأنا أعرف أن هذا شيء فيه مخاطر. لكن أريد أن أعيش حياة أخرى غير صراخ الأطفال، والوالد سيء المزاج والأم التعيسة. لا أحد يفهمني هنا!»

في الماضي كان سمير هو الذي يقول دائمًا:

«من هنا، لا أذهب. أنا متعلق كثيرًا بهذا الزقاق وبسكانه».

فكان يشتم المغتربين وينعتهم بحب الذات. عندما كنا نحلم في الماضي بالسفر إلى أوروبا كان هو الذي يهزأ بنا. وهكذا هززت رأسي؟ تصورت كيف يصعد الطائرة التي ستقله إلى مكان بعيد. ربما لن نراه من بعد. فجأة شعرت بفزع مخيف وبأنني وحيد وكأن كل الناس حولي هاجرت، فصرخت فيه:

«هل جننت؟ ماذا جرى لك؟ هل تريد أن تترك أمك مع الأطفال لوالدك؟ إلى أين تريد السفر؟»

abends zurück. Dann streitet er sich mit seinem Vater ums Geld.«

Adnan versuchte heraus zu bekommen, wo Samir sich herumtrieb. Wir erfuhren, dass er versuchte, sein Alter um ein Jahr auf achtzehn zu erhöhen, um einen Pass zu bekommen. Eines Abends gelang es uns, ihm vor der Apotheke am Eingang der Gasse aufzulauern, als er aus einem Taxi stieg. Wir verabredeten uns für den nächsten Tag zum Tee.

»Kommt morgen Nachmittag zu mir, wenn die Leute ihr Mittagsschläfchen halten«, sagte er. »Dann haben wir unsere Ruhe.«

Während Adnan und ich bei Samir Tee tranken, plauderten wir zunächst über die Ereignisse im Viertel und die Mädchen in der Gasse. Dann herrschte Stille, und Samir wurde sehr traurig. Plötzlich brach es aus ihm heraus:

»Ich kann es in diesem Haus nicht mehr aushalten! Ich habe beschlossen wegzugehen. Natürlich weiß ich, dass es ein Risiko ist. Aber ich möchte etwas anderes erleben als Kindergeschrei, einen schlechtgelaunten Vater und eine unglückliche Mutter. Niemand versteht mich hier!«

Früher war Samir derjenige gewesen, der immer gesagt hatte:

»Von hier gehe ich nicht weg. Ich hänge an dieser Gasse und den Leuten.«

Stets hatte er die Auswanderer beschimpft und sie Egoisten genannt. Wenn wir früher davon träumten, nach Europa zu gehen, hatte er uns ausgelacht. Nun schüttelte ich den Kopf. Ich malte mir aus, wie er das Flugzeug bestieg, das ihn weit wegbringen würde. Vielleicht würden wir ihn nie wieder-

عندما لاحظت أن عينيه اغرورقتا بالدموع، تابعت كلامي بهدوء:

«يجب أن لا ترحل بدوننا».

ثم ربت على كتفي ومسح بيده على شعر عدنان وقال:

«سوف لن أنساكم، سوف أُحضّر لكم كل شيء حتى تتبعوني».

وبضحكة عالية تابع:

«ألم يكن هذا هو حلمكم؟»

بعد هذا اللقاء لم نَرَ سمير إلّا نادرًا فانشغل بالناس عليه. ثم أخبرنا الأستاذ أنطون أن سمير تشاجر مع والده أمام الزبائن في المقهى، فغضب الأب وطرد سمير وصرخ:

«إذهب إلى الجحيم! أنت لم تعد ابني الآن. من الآن وصاعدًا ممنوع عليك دخول بيتي ودخول هذا المقهى!»

في إحدى الليالي، كانت الساعة الثالثة بعد منتصف الليل، استيقضت على صوت قرع على النافذة ثم سمعت صوتًا يناديني:

«رامي، رامي! أنا سمير إفتح لي!»

فأسرعت إلى النافذة وفتحتها، كان سمير منهكًا ويلهث واقفًا أمام النافذة.

«تعال، ادخل من النافذة» قلت له بسرعة وأغلقت النافذة وأنا ألهث.

جلسنا على سريري. فشرب سمير بشغف إبريقًا من الماء ثم بدأ يحكي لي.

لقد أتمّ كل ترتيبات السفر. وهو آتٍ الآن من حي الجبل سيرًا

sehen. Auf einmal bekam ich furchtbare Angst und fühlte mich so allein, als seien alle Menschen um mich herum ausgewandert. Ich schrie ihn an:

»Bist du wahnsinnig? Was ist denn los mit dir? Willst du deine Mutter mit den Kindern deinem Vater überlassen? Wohin willst du denn fahren?«

Als ich merkte, dass er den Tränen nahe war, fügte ich leise hinzu:

»Du sollst nicht ohne uns gehen.«

Da klopfte er mir auf die Schulter, streichelte Adnan über die Haare und sagte:

»Ich werde euch nicht vergessen. Ich bereite alles für euch vor. Ihr könnt mir folgen.«

Und laut lachend fuhr er fort:

»War das nicht euer Traum?«

Nach dieser Begegnung sahen wir Samir nur noch selten und machten uns Sorgen um ihn. Ustas Anton erzählte uns, dass Samir im Kaffeehaus vor allen Gästen einen wilden Streit mit seinem Vater gehabt habe. Der Vater sei wutentbrannt gewesen, habe Samir hinausgeworfen und geschrieen:

»Geh zum Teufel! Du bist nicht mehr mein Sohn. Ab sofort darfst du weder mein Haus noch mein Kaffeehaus betreten!«

Eines Nachts – es war gegen drei Uhr – wachte ich auf, weil jemand ans Fenster klopfte. Dann hörte ich eine Stimme, die rief:

»Rami, Rami! Ich bin Samir, mach auf!«

Eilig öffnete ich das Fenster. Erschöpft und außer Atem stand Samir vor mir.

على الأقدام. لأنه لا يملك نقودًا للتاكسي. كانت الشوارع في المدينة القديمة فارغة ومعتمة. أكثر مصابيح عواميد الكهرباء محطمة، لأن الأولاد حطموها. (فهمم يقومون بالمباراة في رمي المصابيح وتحطيمها، وكنا نشترك فيها في بعض الأحيان). هنا وهناك كان يلتقي ببعض الرجال. يلقي عليهم التحية قبل أن يفاجئوه بشيء ما. ويتلمس بسلام نوعًا من الطمأنينة. في بعض الأحيان يصطدم بعمود كهرباء مصباحه محطم، فيشتم هؤلاء الأولاد المشاغبين. في إحدى الزوايا تعثر ببرميل زبالة. المدينة كانت تخيفه في الليل. في النهار كان يحب المدينة ويعتقد أن كل البشر أصدقاؤه ويحبونه. أما في الليل يتراءى له كل الناس لصوصًا، قتلة، سكارى وشرطة، ينامون في النهار ويستيقظون في الليل، بحثًا عن ضحاياهم. كان وداع الزقاق موجعًا، لم يكن يتصور أن الفراق سيكون صعبًا. كان يريد السفر فقط، فنظر إلى أمه، إلى الجيران، إلى الأصدقاء الذين كانوا يبكون وشعر أنه كان محبوبًا في الزقاق. رغم ذلك كان ينظر إلى المستقبل بتفاؤل ويأمل أن يجد في أوروبا ما يبحث عنه.

»Komm, steig durch's Fenster rein!«, sagte ich schnell und schloss es hastig hinter ihm.

Wir setzten uns auf mein Bett. Samir trank gierig einen ganzen Krug Wasser und begann dann zu erzählen.

Er hatte alle Vorbereitungen für die Reise getroffen und kam gerade vom Bergviertel zu Fuß hierher, weil er kein Geld mehr für ein Taxi besaß. Die Straßen der Altstadt waren leer und dunkel gewesen, viele Lampen zerbrochen, da die Jungen sie mit ihren Gummischleudern zerschossen hatten. (Sie veranstalteten immer Wettbewerbe im Lampentreffen, an denen auch wir nicht unbeteiligt gewesen waren.) Nur hin und wieder begegneten ihm einzelne Männer. Er grüßte sie, überraschte sie mit seinem Gruß, bevor sie ihn überraschen konnten. Das nahm ihnen ihre Bedrohlichkeit und beruhigte ihn. Manchmal stieß er gegen eine Laterne mit einer zerbrochenen Lampe und verfluchte die Bengel. An der Ecke stolperte er über eine große Mülltonne. Die Stadt ängstigte ihn in der Nacht. Tagsüber liebte er sie, ihre Menschen, ihre Stimmen, ihr Gedränge und glaubte, dass alle Leute ihn grüßten und seine Freunde seien. In der Nacht aber erschien sie ihm voller Räuber, Mörder, Betrunkener und Polizisten, die am Tage schliefen und in der Nacht ihre Opfer suchten.

Der Abschied von der Gasse war sehr schmerzlich. So schwer hatte Samir sich die Trennung nicht vorgestellt; er hatte einfach nur fort gewollt. Nun sah er seine Mutter, die Nachbarn und Freunde weinen und spürte, dass er doch beliebt war in der Gasse. Dennoch blickte er zuversichtlich in die Zukunft und hoffte, in Europa das zu finden, was er suchte.

الفصل العاشر
حيث سطى الأولاد الثلاثة على محل أبو منصور

كانت بيوتنا كلها مشيدة بنفس النمط، لا يختلف بيت عن آخر. قام بناء هذه البيوت متعهد البناء أبو خليل، بدون رخصة وبدون مخطط، حسب رغبة السكان وقد بناها بشكل سريع. وعندما يصبح البيت جاهزًا للسكن في الصباح التالي، لا يسمح القانون بهدمه. وجاهز للسكن حسب القانون يعني أن يكون للبيت سقف والناس تسكن فيه، وهكذا كانت الناس تساعد بعضها البعض حتى يتم بناء البيت في الليل ليكون جاهزًا للسكن. فكانوا يجلبون الكراسي وطاولة وسرير ويعلقون ستارًا من قماش بدل الباب والنافذة. وهكذا يتم بناء البيت حسب القانون. وعندما تأتي الشرطة في اليوم التالي لا تستطيع عمل شيء، بعض الناس كانت يأتيها تحذير من أصدقاء أو أقرباء لهم علاقة بالسلطة الإدارية حتى يتمكنوا من إتمام كل شيء.

كانت البيوت مغلقة إلى الخارج ومفتوحة إلى الأعلى. في كل بيت كانت باحة بدون سقف وعلى أطراف الباحة كانت الغرف. في داخل البيت مقابل الباب يوجد درج يوصل إلى السطح الذي يكون في بعض الأحيان، قد بُنيت عليه غرفتان أو ثلاثة. كان الدرج هو حلقة الوصل ما بين عالم حيوي ضوضائي

Zehntes Kapitel,
in dem drei Jungen den Laden von Abu Mansur
überfallen

Unsere Häuser waren alle nach demselben Muster gebaut, kaum etwas unterschied sie voneinander. Ohne Genehmigung und ohne Bauplan hatte der Bauunternehmer Abu Khalil sie nach den Wünschen seiner Kunden einfach und schnell errichtet. War ein Haus erst einmal »bewohnbar«, erlaubte das Gesetz nicht mehr, es abzureißen. Bewohnbar hieß nach dem Buchstaben des Gesetzes, dass das Dach errichtet und die Menschen eingezogen sein mussten. Also halfen sich die Leute gegenseitig, damit das Haus über Nacht bewohnbar wurde. Sie brachten Stühle, einen Tisch und ein Bett, verhängten Türen und Fenster mit Tüchern und fertigten gemeinsam das gesetzlich vorgeschriebene Dach an. Wenn dann am nächsten Tag die Polizei erschien, konnte sie nichts mehr ausrichten. Gelegentlich wurden die Leute auch von Verwandten und Freunden, die Kontakte zu den Behörden hatten, rechtzeitig gewarnt.

Die Häuser waren nach außen hin geschlossen, nach oben offen. Jedes Haus besaß nämlich einen Hof ohne Überdachung, um den herum die Zimmer lagen. Im Innern des Hauses gegenüber der Eingangstür war die Treppe, die zum Dach führte, auf dem manchmal noch zwei oder drei Zimmer

في الطابق الأرضي وعالـم هادئ في الطابق العلوي. في الأسفل تخرج الناس وتأتي، فوق كل شيء هادئ ومغلق أمام أعين الغرباء وأيدي الأطفال التي تبعث الفوضى في كل شيء. في الطابق العلوي كنّا نجد، أنا وأصدقائي، مكانًا للتأمل بعيدًا عن أعين وآذان الكبار. هناك كنّا نخطّط المقالب، وننظم خطط السطو على محل أبي منصور.

كان محل أبو منصور مليء بالعُلب الزجاجية، أكثرها كان فارغًا ويعلوه الغبار، ما عدا المملوءة بالعلكة والبسكويت والبونبون والبالونات وأشياء أخرى للأولاد. كان أبو منصور يبيع إضافة إلى ذلك السجائر والمشروبات المهربة. يجلس في منتصف المحل على كرسي وأكثر الأشياء التي يبيعها موجودة حوله. ولا يحتاج إلى الوقوف، بل يمد يده ويأتي بالحاجة المطلوبة، يجر رجليه على الأرض جرًّا. ويبقى في محله من الصباح، الساعة الثامنة وحتى منتصف الليل، هناك يتناول طعامه وشرابه الذي تعده زوجته له.

لم يكن عنده أطفال، يظل يقضم الفستق والبزر وباقي أنواع المكسرات، وهو أفضل زبون لمحله الذي هو مركز للأخبار في الحي. وعندما يحصل الأطفال على بعض النقود من أهلهم — محاولة منهم للحصول على هنيهة من الراحة — يركض الأطفال إلى دكان أبو منصور ويشترون الحلويات والبوظا، إذ أنه كان يصنع البوظا بنفسه في براد وكل صنف كان له لونه المختلف لكنها لها نفس الطعم. كان الدكان يعيش تقريبًا على مشتريات الأطفال وقد اخترع أبو منصور منهجًا من أجل جلب الأولاد إليه، لهذا عندما يمر طفل أمام محله، يناديه ويسأله إن كانت معه

gebaut wurden. Die Treppe verband die bewegte, lärmende Welt des Erdgeschosses mit der beschaulichen, ruhigen des Obergeschosses. Unten war Kommen und Gehen, oben herrschte Abgeschlossenheit und Ruhe – vor den Augen der Fremden und den Unordnung stiftenden Händen der Kinder. In dieser oberen Welt fanden meine Freunde und ich einen Ort der Muße weit weg von den Augen und Ohren der Erwachsenen und dachten uns neben vielem anderen unsere Streiche aus. Hier planten wir auch die Überfälle auf den Laden des dicken Abu Mansur.

Der Laden von Abu Mansur enthielt erstaunliche Mengen großer Glasbehälter; manche waren leer und verstaubt, andere mit Kaugummis, Keksen, Bonbons, Luftballons und weiteren guten Dingen für Kinder gefüllt. Außerdem verkaufte Abu Mansur geschmuggelte Zigaretten und Getränke. Immer saß er mitten im Laden auf einem Stuhl, die meisten Sachen um sich herum gruppiert, so dass er nicht aufstehen musste, um etwas zu verkaufen; er war nämlich sehr schwer, und wenn er doch einmal aufstehen musste, dann watschelte er wie eine Ente und schlurfte über den Boden. Ununterbrochen von acht Uhr morgens bis zwölf Uhr nachts saß er in seinem Laden und nahm dort auch sein Mittag- und Abendessen ein, das seine Frau für ihn kochte.

Kinder hatte er keine. Den ganzen Tag lang knabberte er Nüsse, Bonbons und Kürbiskerne und war somit sein bester Kunde. Darüber hinaus diente er auch als Nachrichtenzentrum des Viertels. Wenn die Kinder Geld bekommen hatten – und das geschah häufig, weil die Eltern ihre Kinder ständig

نقودًا، في بعض الأحيان كان يفتش له جيبه، وعندما يجد معه نقودًا يريه ما عنده من أشياء جديدة. وبهذه الطريقة كان يصطاد الأطفال قبل أن يصلوا إلى الشارع الرئيسي ويشترون أشياء أخرى.

كان سَطْونا على محله يتم دون أن يستطيع اكتشافنا، حيث نرسل إلى عنده عدنان، لأنه هادئ ومعروف في الزقاق بأنه عاقل، إضافة إلى ذلك كان أبو منصور إشبينه ولهذا يجب عليه أن يستقبله بلطف. رغم أنه لا يُحبّذ زيارات كهذه، لأنها لا تجلب له شيئًا، فيطلب عدنان زجاجة كولا منه مجانًا، ولكي يجلبها يلزمه الوقوف والذهاب إلى الغرفة الأخرى، حيث البضاعة المهربة مكدسة هناك. في هذه اللحظة ندخل سمير وأنا إلى المحل ونأخذ الأشياء التي نحتاجها ونخرج بسرعة قبل أن يعود. لم يلاحظ ولا مرة واحدة أن أشياءً تنقصه، لأنه لم يكن يعرف كم يبيع فهو لا يسجل مبيعاته، لأن التسجيل عمل مزعج له.

bestachen, um für wenige Minuten Ruhe zu haben –, rannten sie zu Abu Mansurs Laden und kauften sich Süßigkeiten oder Eis. Im Kühlschrank lagerte das Eis, das er selbst herstellte, jede Sorte hatte eine andere Farbe, jedoch denselben Geschmack. Der Laden lebte vom Geld der Kinder, denn Abu Mansur entwickelte seine Methoden, um sie in den Laden zu locken. Ging ein Kind vorbei, rief er es zu sich und fragte, ob es Geld habe. Gelegentlich schaute er sogar in dessen Taschen nach, und wenn er Geld fand, dann zeigte er ihm seine neuesten Waren. Auf diese Weise fing er die Kinder ab, bevor sie zur Hauptstraße liefen und dort ihre Sachen kauften.

Unsere Überfälle auf seinen Laden waren unauffällig. Wir schickten Adnan zu ihm, da er der ruhigste von uns war und in der Gasse als braver Junge galt. Außerdem war Abu Mansur sein Patenonkel und musste ihn daher freundlich empfangen, obwohl er solche Besuche nicht schätzte, da sie ihm nichts einbrachten. Adnan bestellte bei ihm also eine Flasche Cola gratis. Um sie zu holen, war Abu Mansur gezwungen, aufzustehen und nach nebenan zu gehen, wo er die geschmuggelte Ware aufbewahrte. In diesem Moment gingen Samir und ich hinein, nahmen uns die Sachen, die wir brauchten, und verschwanden schnell, bevor er wiederkam. Nie merkte er, dass ihm etwas fehlte, denn er wusste nie genau, wie viel er schon verkauft hatte, und darüber ein Buch zu führen, war ihm zu lästig.

الفصل الحادي عشر
حيث يرش الحلاق رائد عطرًا سيئًا

لم أكن أحب الذهاب إلى عند الحلاق، لأنني كنت أرغب بالشعر الطويل. لكن هذا كان أمرًا مستحيلاً، فمن ناحية كان الشعر الطويل ممنوعًا في المدرسة ومن ناحية ثانية كان والدي يقول إن الشعر القصير يحمي الرأس من القمل ومن الأوساخ. كنّا نحتج لكن دون نتيجة، كان في حيّنا صالون حلاقة وكانت الناس تذهب إليه، الشباب والمسنون. وفي بعض الأحيان كان الحلاق أبو رعد يأتي إلى البيت لحلق الشعر. فهو يحلق نفس الحلاقة للجميع وأثناء تأدية عمله يغني أغنية قديمة. ورغم أنه لا يعرف الغناء وصوته غير جميل، وعندما يحلق للعائلة كلها يعطي خصمًا في السعر.

كل الحلاقين غيروا ديكور محلاتهم واشتروا أشياءً حديثة إلاّ هو؛ استلم المحل من والده. وكان محله معتم بشكل دائم، لأن أبو رعد يحاول أن يوفر النقود حتى من مصاريف الكهرباء، وعندما ينتهي من قص الشعر يستعمل عطرًا واحدًا للجميع وهو عطر سيء ليست له رائحة جميلة. بعض الأحيان كنت أقول له إني لست بحاجة للعطر، فيرش العطر على رأسي بكثرة فأسرع بعد الحلاقة إلى الحمام لأغسل شعري ووجهي مرات عديدة

Elftes Kapitel,
in dem Raad, der Friseur, ekelhaftes Parfüm versprüht

Ich ging nicht gern zum Friseur, da ich immer lange Haare tragen wollte. Aber das war nicht möglich. Zum einen war es in der Schule nicht erlaubt, zum anderen meinte mein Vater, dass kurze Haare den Kopf vor Läusen und Schmutz schützten. Ich wehrte mich, aber vergebens. In unserer Gasse gab es einen Frisiersalon. Alle gingen dorthin, alt und jung, und manchmal kam der Friseur Abu Raad auch zu uns ins Haus und schnitt uns dort die Haare. Allen verpasste er denselben Schnitt und sang dabei ein altes Lied, obwohl er nicht gut singen konnte. Für eine Familie gab es immer Rabatt.

Alle Friseure erneuerten ihre Läden und richteten sie moderner ein, nur er nicht. Sein Laden blieb so, wie er ihn von seinem Vater übernommen hatte. Außerdem war es dort stets dunkel, weil Abu Raad Strom sparte. Wenn er mit dem Schneiden fertig war, verwendete er ein und dasselbe Parfüm für die gesamte Kundschaft, ein schlechtes Parfüm, das unangenehm roch. Manchmal sagte ich ihm, dass ich kein Parfüm wolle. Dann sprühte er mir erst recht viel davon über den Kopf, so dass ich anschließend ins Bad rannte und mir Gesicht und Haare mehrmals mit Seife gründlich wusch. Wenn der

بالصابون وعندما تبقى هذه الرائحة التي لا تطاق فأسرق زجاجة العطر من والدي وأرش منها قليلاً على رأسي لكي تضيع الرائحة الأخرى.

بجانب دكان الحلاقة كان ابنه رعد، يجلس ويبيع السجائر، وهو أخرس، لكنه يفهم الكلام. كان ينزعج عندما يقف الإنسان أمامه ويفرك أنفه، فيغتاض ويصبح عدوانيًا ويهدد الناس بالسكين. مرة وقفت أمام دكان أبيه وخرج صدفة ولد من عند الحلاق وناداني:

«ماذا يوجد على أنفك؟»

ولم أكد أفرك أنفي حتى قفز رعد غاضبًا ولحق بي مثل الثور. لكن باب بيت مفتوح أنقذني منه. ومنذ ذلك الوقت وأنا أتحاشى الوقوف أمام الدكان وأفضل أن يأتي الحلاق إلى بيتنا.

ekelhafte Geruch danach immer noch nicht vollständig beseitigt war, nahm ich heimlich die Parfümflasche meines Vaters und bespritzte mich damit wie mit einem Gegenmittel.

Neben dem Eingang zum Frisiersalon saß Abu Raads Sohn, Raad, in einem Kiosk und verkaufte Zigaretten. Raad war stumm, aber er verstand alles, was man ihm sagte. Er ärgerte sich, wenn jemand vor ihm stand und die Nase rümpfte. Dann wurde er wütend und aggressiv und bedrohte die Leute sogar mit dem Messer. Einmal stand ich dort, als ein Junge aus dem Friseurladen kam und rief: »Was hast du denn auf der Nase?« Kaum wischte ich mir mit der Hand über die Nase, da stürzte Raad zornig aus seinem Kiosk und lief hinter mir her, erregt wie ein Stier. Eine geöffnete Haustür rettete mich. Seitdem vermied ich es, vor dem Laden zu stehen und zog es vor, wenn der Friseur zu uns kam.

الفصل الثاني عشر
حيث أرعب الجني نبيل

بجانب المقبرة يوجد مركز الرعية التابع للكنيسة، حيث يعمل والد عدنان كحارس ليلي إضافة إلى عمله الرئيسي. كان ينام في غرفة على مدخل المركز. وبما أنه من هواة لعب الورق فكان يذهب مساءً إلى عند الآخرين لذلك كان يُكلّف بعض الأحيان ابنه بالقيام بمهمته. فينام عدنان هناك وعندما يريد والده أن ينام مع زوجته.

وعندما يقوم عدنان بمهمة أبيه كان يخبرنا بذلك، فتذهب الشلة كلها إلى هناك. ففي هذا الحي لا يوجد أي مركز لتجمع الشباب. فعندما نريد أن نلتقي مع بعضنا، نلتقي في بيوتنا أو في مركز الرعية وهو أفضل الأمكنة حيث نكون أكثر حرية. هنا نستطيع التحدث حول كل شيء بدون خوف أن يسمعنا أحد. كنّا نتناقش في السياسة ونتبادل قصص الغرام. في الصيف كنّا نقضي طول الليل هناك. فيأتي أيضًا نبيل الذي كان يرغب في الانضمام إلى شلتنا. لكننا كنا نمقته لأنه مغرور بنفسه ويعتبر نفسه من أفضل الشباب. كان يتردد كثيرًا علينا رغم أننا لا نريد ذلك، ومرارًا أظهرنا له ذلك لكنه لم يستوعب الموضوع.

مرة بقي عندنا حتى الساعة الرابعة صباحًا. وعندما نعس أراد الذهاب إلى بيته فاقترحنا عليه أن ينام هنا، فتمدد على الصوفة

Zwölftes Kapitel,
in dem ein Gespenst Nabil furchtbar erschreckt

Neben dem Friedhof lag das Gemeindezentrum der Kirche, wo der Vater von Adnan im Nebenberuf als Nachtwächter arbeitete. Er übernachtete in einem Zimmer am Eingang. Adnans Vater war ein leidenschaftlicher Skatspieler und ging gern abends zu anderen Leuten; daher ließ er sich gelegentlich durch seinen Sohn vertreten. Manchmal blieb Adnan auch über Nacht dort, dann nämlich, wenn sein Vater zu Hause bei seiner Frau schlafen wollte.

Wenn Adnan seinen Vater vertrat, benachrichtigte er uns, und die ganze Clique ging zu ihm. Da es im Viertel kaum Einrichtungen für Jugendliche gab, trafen wir uns in unseren Häusern oder aber hier im Gemeindezentrum, wo wir freier und unter uns waren. Hier konnten wir über alles reden, ohne fürchten zu müssen, dass jemand mithörte. Wir debattierten über Politik und erzählten uns von unseren Liebesabenteuern. Im Sommer verbrachten wir dort manchmal die Nacht. Dann erschien auch Nabil, der sich unserer Clique gern anschließen wollte. Wir hatten jedoch eine Abneigung gegen ihn, da er überheblich war und sich für etwas Besseres hielt. Er kam öfter zu uns, obwohl wir das nicht wollten und es ihm auch zeigten, aber er verstand nicht.

الموجودة في البلكون ونام نومًا عميقًا. فأحضرنا خشبة طويلة وربطناها بحبلين وسحبنا الخشبة بالحبال إلى سور المقبرة ومن هناك أنزلناه إلى المقبرة وتركناه. ومن بعد جلبنا وعاءً مليئًا بالماء ودلقناه عليه من فوق، فقفز مذعورًا وركض وهو يصرخ من الخوف، فتمددنا في الفراش وتظاهرنا بالنوم، حتى أيقظنا وأخبرنا وهو يرتجف، بما جرى. فأخبره عدنان أنه يوجد هنا جني ويجب عليه أن يحمد ربه أنه لم يمت ولم يحدث له شيء وخيم. ومنذ ذلك الحادث لم يدخل المركز أبدًا. والناس في الحي صدّقوا هذه الحكاية التي كانت برهانًا لاعتقادهم بوجود جِنِّيّات هناك.

Eines Tages blieb er wieder bis vier Uhr morgens bei uns. Als er müde wurde und nach Hause wollte, schlugen wir ihm vor, hier zu übernachten. Also legte er sich auf ein Sofa auf der Terrasse und schlief sofort ein. Wir aber holten ein Holzbrett und banden ihn mit zwei Seilen daran fest. Das Brett zogen wir hoch bis auf die Friedhofsmauer und ließen es von da aus zum Friedhof hinunter. Vorsichtig lösten wir die Seile, füllten einen großen Eimer mit Wasser und gossen es von oben über Nabil. Der sprang auf, rannte erschrocken weg und schrie vor Angst. Wir legten uns indessen ins Bett und taten, als ob wir schliefen. Später weckte uns Nabil und erzählte zitternd, was geschehen war. Adnan erklärte ihm, dass es hier Gespenster gebe und er Gott danken müsse, dass ihm nichts Schlimmeres zugestoßen sei. Seitdem hat er das Zentrum nie mehr betreten, und die Leute im Viertel fanden ihren Glauben bestätigt, dass es dort Gespenster gab.

الفصل الثالث عشر
حيث احتفل الأستاذ أنطون بزواجه

كان الأستاذ أنطون يترقب هذا اليوم بفارغ الصبر، فهو لم يعد شابًا. الرجال من أبناء جيله عندهم أولاد يذهبون إلى المدارس، وهو لم يتزوج بعد. كل أهالي الزقاق اهتموا بهذه الحادثة وسروا جدًا، وكانوا فضوليين للتعرف على العروس وعلى أهلها. رامز أخبرنا أنه كان يُشاهد الأستاذ أنطون في باب توما مع فتاة شابة يمشي معها في السوق يدًا بيد، وكانا يبدوان سعيدين والفرحة تغمرهما.

«هذه بالتأكيد عروسته، كيف كانت؟»

سأل أبو أمين وتابع:

«لم تزره ولا مرة إلى هنا. علينا أن نعترف أن الأستاذ أنطون شخص مهذب جدًا.»

«هل تعرفون من الذي دبر له العروس؟»

قالت أم سمير وتابعت:

«سعدية، فقد زارها بعض المرات. أخبرني أبو سمير زوجي بأن الأستاذ أنطون أصبح نادرًا ما يتردد على المقهى، فنحن فرحون له.»

كان الأستاذ أنطون قد تغيرت سماته فأصبح يتكلم أكثر من

Dreizehntes Kapitel,
in dem Ustas Anton eine prunkvolle Hochzeit
feiert

Lange hatte Ustas Anton auf diesen Tag gewartet. Er war nicht mehr jung. Die Männer seiner Generation hatten schon Kinder im Schulalter, und er war noch nicht einmal verheiratet. Die ganze Gasse wurde von diesem Ereignis erfasst und freute sich, neugierig, die Braut und ihre Familie kennen zu lernen. Rames erzählte, er habe Ustas Anton in *Bab Tuma** mit einer jungen Frau gesehen; Hand in Hand seien sie die Geschäftsstraße hinuntergegangen und schienen sehr glücklich zu sein.

»Das ist bestimmt seine Braut gewesen. Wie sah sie denn aus?«, fragte Abu Amin und fügte hinzu:

»Bei ihm hier war sie noch nie. Man muss schon sagen, Ustas Anton hat sich immer anständig benommen!«

»Wisst ihr, wer ihm die Braut besorgt hat?«, klatschte Umm Samir. »Das war Saadia. Er hat sie ein paar Mal besucht. Abu Samir, mein Mann, hat mir erzählt, dass Ustas Anton nicht mehr so oft ins Kaffeehaus kommt. Wir freuen uns für ihn.«

Ustas Anton wirkte in der letzten Zeit anders: er strahlte und redete mehr als früher mit den Nachbarn.

»Er ist bestimmt bis über beide Ohren verliebt. Wie schön, die Männer so zu sehen!«, bemerkte Saadia, ohne dabei zu ver-

السابق مع الجيران.

«بالتأكيد غارق في الحب حتى أذنيه. كم جميل أن نرى الرجال هكذا» قالت سعدية دون أن تعلن من هي العروس السعيدة.

بعد أن اتفق الأستاذ أنطون مع أهل العروس سافرت والدته وسافر أبوه مسافات طويلة من الجزيرة إلى هنا. ويجب أن يذهب وفد كبير من أقرباء وأصدقاء أنطون إلى عائلة العروس ليطلبوا يدها. وبما أن الأستاذ أنطون لا يوجد عنده أقرباء كثر، ذهب أبو حنا معهم. فبالنسبة له هذا عمل خير، وأنطون رجل مهذب من الزقاق.

ثم بدأ التحضير للحفلة فكتب أنطون مع والديه لائحة بالمدعوين، حتى لا ينسى أحدًا ويزعل عليه. ففي هذه المناسبات يُدعى كل الأقارب والجيران وكل الناس الذين يعرفهم حتى المارين صدفة من هنا، فهم مدعوون لأن العادة تقضي بذلك.

كانت حفلة العرس جميلة ودامت أربعة أيام وليالٍ، وبما أن العرس تم في الصيف فقد احتفلت الناس في أرض الدار وأمام باب البيت في الزقاق. وضع أبو أمين بيته تحت تصرف العريس، واستأجر أنطون فرقة موسيقية خاصة لاحتفالات الأعراس.

حضر المدعوون وهم يرتدون أجمل ما عندهم من ألبسة. وارتدت النساء كل ما عندهن من حلى وعَبَق الهواء بروائح العطور، وتم تحضير وليمة كبيرة، شارك في تحضيرها الكثير من النساء في الزقاق، لأن أم أنطون امرأة عجوز ولا تجربة لديها

raten, wer die glückliche Braut war.

Nachdem Ustas Anton sich mit der Familie der Braut geeinigt hatte, reisten sein Vater und seine Mutter von weither aus Al-Dschazira an. Eine große Delegation von Antons Verwandten und Freunden sollte zur Familie der Braut gehen und dort um ihre Hand bitten. Da Anton nicht so viele Verwandte hatte, ging Abu Hanna mit. Für ihn war das selbstverständlich, war doch Ustas Anton ein anständiger Bewohner der Gasse.

Danach begannen die Festvorbereitungen. Ustas Anton stellte mit seinen Eltern eine Einladungsliste zusammen, damit niemand vergessen wurde und nachher beleidigt sein konnte. Wie bei solchen Anlässen üblich, lud er alle Verwandten, Freunde, Bekannten und darüber hinaus die gesamte Nachbarschaft ein. Auch Passanten hieß er willkommen, wie es Brauch war.

Es wurde ein schönes Hochzeitsfest und dauerte vier Tage und vier Nächte. Da es Sommer war und warm, feierte man im Hof und vor der Tür auf der Gasse. Abu Amin stellte sein ganzes Haus zur Verfügung, und Anton hatte eine Musikkapelle engagiert, die nur auf solchen Festen spielte.

Die geladenen Gäste erschienen in ihren schönsten Kleidern; die Frauen legten prächtigen Schmuck an, und die Luft war voll von lieblichen Düften. Man bereitete ein großes Festmahl, wobei einige Frauen aus der Gasse halfen, da Antons Mutter schon alt war und keine Erfahrung mit so vielen Gästen hatte. Auch Mengen von Süßigkeiten, Gebäck und Getränken schaffte man herbei.

In der ersten Festnacht wurde die Braut im Haus ihrer Familie von ihren Verwandten, Bekannten und Freunden

في تحضير حفلة تضم مدعوّين كثيرين. كذلك أحضروا كميات كبيرة من الحلويات والمشروبات.

في الليلة الأولى تم توديع العروس في بيت أهلها من قبل الأقرباء والأصدقاء والمعارف. فذهبت مجموعة كبيرة من الرجال والنساء والشباب والشابات من الحي إلى هناك. فقط أنطون لم يكن مسموحًا له أن يكون بينهم. وقامت الفتيات بغسل العروس ويلبسنها فستانًا جميلاً جديدًا، ثم يرششن على العروس وعلى الحضور ماء الورد وبعض العطور، ويغنين ويرقصن حولها. كذلك يتم توديع أنطون من قبل أصدقائه وأقربائه ومعارفه على نفس الطريقة.

في اليوم التالي بعد الظهر رافق العروس والعريس مجموعة كبيرة من المدعوين الذين يرقصون ويغنون، إلى الكنيسة. وبعد الإكليل ذهب الجميع إلى بيت أنطون. جلس العروسان في المقدمة، في إحدى السيارات وأعطت أم أنطون العروس قطعة من العجين لتلصقها على باب الدار حتى تجلب معها السعادة والخصوبة. ومن بعد دُعي الجميع إلى الأكل. جلس في مقدمة الطاولة العروس والعريس، وتمت الخدمة من قبل الأصدقاء والأقارب. فيقدمون لهم ما لذّ وطاب من الأكل. من الغرفة المجاورة ينساب صوت الموسيقى، فالفرقة الموسيقية مازالت تعزف ألحانًا خفيفة، وعندما انتهى الجميع من الأكل، نزلوا إلى وسط الدار من أجل الرقص فعزفت الفرقة ألحانًا راقصة ودائمًا كان المدعون يشجعون الفرقة ويطلبون منها الأغاني التي تعجبهم. وبما أن المغني لا يستطيع إرضاء الجميع فإنه كان يرضي النساء الجميلات فقط.

verabschiedet. Auch eine große Abordnung von Männern, Frauen und vor allem Jugendlichen des Viertels fand sich ein. Nur Anton durfte nicht dort sein. Die jungen Frauen badeten die Braut und zogen ihr ein schönes, neues Kleid an. Dann besprengten sie die Glückliche sowie alle Anwesenden mit duftendem Blütenwasser und Parfüm und sangen und tanzten um die Braut herum. Auf ähnliche Weise wurde Anton von seiner Familie und den Freunden verabschiedet.

Am Nachmittag des nächsten Tages geleiteten zwei singende und tanzende Festzüge Braut und Bräutigam getrennt zur Kirche. Nach der Trauung machten sich alle auf den Weg zu Antons Haus, vorne in einem Auto die beiden Brautleute. Am Hauseingang stiegen sie aus, und Antons Mutter überreichte der Braut ein kleines Stück Weizenteig, das sie über der Haustür ankleben musste, damit er Glück und Fruchtbarkeit bringe. Danach nahmen die Gäste an einer riesigen Tafel Platz, an deren Kopfende die Braut und der Bräutigam saßen. Freunde und Verwandte verwöhnten und bedienten die beiden, während aus einem Nebenzimmer bereits Musik zu hören war. Noch spielte die Musikgruppe leichte Unterhaltungsmusik. Aber als die Leute genug gegessen hatten und in der Mitte Platz freigeräumt worden war, spielte sie zum Tanz auf. Ständig wurde die Gruppe angefeuert, und ständig meldete jemand seinen Musikwunsch an. Der Sänger war außer Stande, alle Wünsche zu erfüllen; nur die hübschen Frauen hatten immer Erfolg bei ihm.

Die Tänze boten eine Augen- und Ohrenweide. Allein sie lohnten die Anwesenheit auf dem Fest. Fast jeder bewegte sich

الرقص يفتح العيون والآذان. فقط من أجل الرقص يكون الذهاب إلى حفلة العرس جزءاً؛ كل واحد يتحرك بلباقة على إيقاع الموسيقى، حتى الأولاد الصغار. للرقص دور مهم في الحياة اليومية. فالأطفال يجدون مجالات كثيرة لتعلم الرقص من الكبار، بعض الفتيات من أقرباء الأستاذ أنطون افتتحن الرقص ومن بعد بدأ الآخرون يتجرأون، حتى الذين يخجلون كثيراً تقدموا إلى حلبة الرقص. بالنسبة لنا نحن الشباب كنا نذهب إلى الأعراس من أجل أن نرقص مع البنات. كنّا نرقص حتى نشعر أن أجسامنا لم تعد تستطيع الوقوف على الأرض. لم أكن راقصاً ماهراً لكنني كنت أحرك جسمي بسرعة وبخفة حسب الإيقاع، كنت سعيداً بذلك.

إمتدح الحاضرون جمال العروس وبدأوا يروون النكات والقصص. وامتزجت القهقهات مع رنين الأساور والعقود مع الألحان الموسيقية. كانت النساء يحاولن التقدم إلى الأمام ليلقين نظرة على العروس، أو كن ينادين على أولادهن الذين ينطون على السطح.

وفي ذروة الحفل قدم أنطون الحلي للعروس فتوقفت الفرقة عن العزف، فطلب الإشبين من المدعوين الهدوء، وحسب التقاليد تبدأ العروس بالغناء:

«أتكلم معك عندما
تدفع ثمن شعري
إفتح حقيبتك وادفع
أنا صغيرة وفي أول حبي الليلة طويلة
مازال عندك وقت ...»

geschickt nach der Musik, sogar die kleinen Jungen und Mädchen; denn auch im Alltag spielte Tanzen eine große Rolle, und die Kinder nahmen jede Gelegenheit wahr, die Erwachsenen nachzuahmen. Ein paar Mädchen aus der Verwandtschaft von Ustas Anton eröffneten den Tanz, und danach wagten sich auch die Schüchternen auf die Tanzfläche.

Wir Jungen gingen zu einem Hochzeitsfest, um Mädchen zu treffen und zu tanzen. Wir tanzten bis zur Erschöpfung, bis wir das Gefühl hatten, dass sich unsere Körper vom Boden lösten. Ich war kein guter Tänzer, bewegte meinen Körper aber entspannt und schnell zum Rhythmus und fühlte mich wohl.

Man pries die Schönheit der Braut und erzählte Anekdoten und Geschichten, und das Lachen und das Klirren der Armbänder und Halsketten vermischte sich mit den Klängen der Musik. Frauen drängten sich nach vorn, um einen Blick auf die Braut zu werfen oder riefen nach ihren Kindern, die auf dem Dach herumtobten.

Auf dem Höhepunkt des Festes überreichte Anton den Brautschmuck. Die Kapelle hörte zu spielen auf und der Trauzeuge rief die Gäste zur Ruhe. Dem Brauch gemäß begann die Braut zu singen:

»Ich rede erst mit dir, wenn du den Wert meines Haars bezahlt hast. Öffne deine Tasche und zahle. Ich bin noch jung und am Anfang meiner Liebe. Die Nacht ist lang, du hast genügend Zeit ...«

Ustas Anton stand auf und schenkte seiner Braut Schmuckstücke aus Gold. Danach ging das Fest weiter bis in die frühen Morgenstunden und weiter bis zum nächsten Abend.

الفصل الرابع عشر
حيث أتذكر زقاقنا

مضت سنين عديدة، أصبح فيها الزقاق بالنسبة لي غريبًا. فاختفت البيوت والمحلات التي أعرفها وحلت محلها بيوت حديثة. حتى سكان الزقاق الذين أعرفهم لم يبقى منهم إلاّ القليل. فأكثرهم قد مات أو انتقل إلى مركز المدينة أو رحل. أتحدّث مع القليل منهم عن الأوقات الماضية. فالذي كان في الماضي هو المهم، أمّا ما هو اليوم لا يلعب أي دور.

عندما أذهب إلى زقاقنا أزور الماضي وعندها أتذكر الطفولة وأتذكر حيّنا؛ عندما كان الزقاق مركز حياتي.

Vierzehntes Kapitel,
in dem ich an meine Gasse zurückdenke

Viele Jahre sind inzwischen ins Land gegangen, meine Gasse ist mir fremd geworden. Vertraute Häuser und Geschäfte mussten neuen, modernen Häusern weichen. Auch von den alten Bewohnern sind nicht viele geblieben. Die meisten sind tot, in die Stadt gezogen oder ausgewandert.

Mit den wenigen Verbliebenen spreche ich über die alten Zeiten. Was gewesen ist, wird wichtig; was ist, spielt kaum noch eine Rolle.

Wenn ich meine Gasse aufsuche, besuche ich also die Vergangenheit. Und wenn ich an mein Viertel denke, denke ich an die Kindheit, als die Gasse noch Zentrum meines Lebens war.

Erläuterungen

Abu / Umm: Vater / Mutter, also Abu Hanna ist der Vater von Hanna, Umm Samir ist die Mutter von Samir. Nach der Geburt eines Sohnes werden die Eltern nicht mehr bei ihrem Namen genannt, sondern nach dem Namen des ältesten Sohnes.

Dschinnen: Dämonen; Wesen, die helfend oder schadend ins menschliche Leben eingreifen.

Galabija: langes, hemdartiges, meist baumwollenes Gewand.

Ghula: Dämonin.

Haram: Tabu; verboten.

Muezzin: Gebetsausrufer, der vom Turm der Moschee fünfmal am Tag zum Gebet aufruft.

Souk: Markt.

Tawla: beliebtes Brettspiel, bei uns als Backgammon bekannt.

Ustas: Lehrer; auch Titel für angesehene Personen.

Bab Tuma: Christlich geprägtes Viertel in der Altstadt von Damaskus.

Umm Kalthum: berühmte ägyptische Sängerin, die in den siebziger Jahren starb und im gesamten arabischen Raum bekannt und beliebt ist.

Suleman Taufiq

Suleman Taufiq wurde 1953 in Syrien geboren und kam 1971 nach Deutschland, um Philosophie und Komparatistik zu studieren. Heute lebt er als Publizist, Übersetzer und Schriftsteller in Aachen. Er ist verheiratet und hat zwei Kinder.

1978 erschien sein erster Gedichtband auf Deutsch. Neben Gedichten, Erzählungen und Essays schreibt er Geschichten für Kinder und übersetzt arabische Werke ins Deutsche, sowie zahlreiche deutsche Dichter ins Arabische. 1983 erhielt Suleman Taufiq den Literaturpreis der Stadt Aachen, 2015 den Medienpreis des Berufsverbandes der Kinder- und Jugendärzte.

In der Edition Orient sind von Suleman Taufiq erschienen:

- »Das Schweigen der Sprache«, Gedichte (1988);
- »Oh wie schön ist Fliegen«, Kinderbuch (1988/2006[2]);
- »Spiegel des Anblicks«, Gedichte (1993);
- »Was weißt du von mir«, Gedichte (2004);
- »Café Dunya. Ein Tag in Damskus«, Roman (2015).